高校就业工作的
50个关键点

邸飞◎著

50 KEY POINTS OF COLLEGE
EMPLOYMENT WORK

人民东方出版传媒
People's Oriental Publishing & Media
东方出版社
The Oriental Press

图书在版编目（CIP）数据

高校就业工作的 50 个关键点 / 邸飞 著 . —北京：东方出版社，2023.6
ISBN 978-7-5207-3498-1

Ⅰ. ①高…　Ⅱ. ①邸…　Ⅲ. ①大学生－就业－研究　Ⅳ. ① G647.38

中国国家版本馆 CIP 数据核字（2023）第 108210 号

高校就业工作的 50 个关键点
（ GAOXIAO JIUYE GONGZUO DE 50 GE GUANJIANDIAN ）

- -

作　　者：邸　飞
责任编辑：王学彦　申　浩
出　　版：东方出版社
发　　行：人民东方出版传媒有限公司
地　　址：北京市东城区朝阳门内大街 166 号
邮　　编：100010
印　　刷：优奇仕印刷河北有限公司
版　　次：2023 年 6 月第 1 版
印　　次：2023 年 6 月第 1 次印刷
开　　本：880 毫米 ×1230 毫米　1/32
印　　张：7.75
字　　数：150 千字
书　　号：ISBN 978-7-5207-3498-1
定　　价：59.00 元
发行电话：（010）85924663　85924644　85924641

- -

推荐语

本书内容全面，从就业管理到就业指导，再到就业研究、智慧就业以及近年来就业工作的一些新方法、新趋势，可以说涵盖了高校毕业生就业工作的各个方面，为读者勾勒出一线高校就业工作的全貌，并且语言娓娓道来，读起来很轻松。

书中很多观点是建立在多年工作实践、研究基础上的，是知与行、学与思的结晶，绝非肆口轻发。书中字里行间流露出作者对就业工作的热爱与情怀，实是用心用情之作，堪作高校毕业生就业岗位新手必读书目，强烈推荐。

北京高校大学生就业创业指导中心副主任　王效斌

高校毕业生就业工作兼有管理服务、市场开拓和教学研究等特性，涉及高校学生工作的诸多方面，事无巨细，责任重大。做好就业工作，仅凭一时的干劲、兴趣是不够的，需要一线就业工作者沉下心来，如同作者一样"十年磨一剑"，以高度的责任心，勤于思考，钻研业务，不断创新，努力把握好工作的每一环节、做好工作的每一方面、接待好面对的每位同学。

本人从事高校一线就业工作三十余年，初遇邸飞的这本书，感同身受，让人有爱不释手、一直读下去的冲动。本书从高校毕业生就业一线工作的视角，结合作者近十年的工作经历和实例，从就业管理、就业市场、就业指导、就业研究、智慧就业、方法趋势等方面分享了作者对高校就业工作的体会和感悟，难能可贵。非常适合高校就业工作同人在工作中学习、借鉴和参考，郑重推荐。

中国政法大学学生就业创业指导服务中心主任、教授　解廷民

很荣幸受邀为邸飞老师的新书做序。和邸飞老师相识多年，最欣赏他常思常学的工作态度，为他常年执着于生涯教育和就业指导工作而感动。当前高校就业工作队伍流动较快，非常需要一部分人能够沉下心来，扎扎实实做些研究工作。

本书不仅是新手的"红宝书"，让人少踩坑，少走弯路，对常年身处一线的就业工作人员来说，也提供了很多新鲜而有益的思路。邸飞老师打开了很多扇窗户，让我们看到就业工作还有这么多美丽的风景。有时候我们不禁会感到惊讶：原来还可以这样开展工作!

工作是谋生的手段，事业才是我们安身立命的根基。邸飞老师是把就业工作当做事业来做，我相信未来一定会越做越好，期待邸飞老师有更多的精神产品问世。

北京理工大学学生就业指导中心主任，
摆渡人工作室创始人　林骥佳

有十年就业工作经验的人不少，但是能把十年就业工作经验整理、反思、凝练、升华成书的人却不多，这不但需要善思会写，更需要勤奋自律，邸飞老师就是这少数中的一位，一位具有十年高校一线就业工作经验的就业工作者。

本书用 50 个做好就业业务的 Tips 串起了两条主线：就业工作业务改进线和工作能力提升线，在这两条主线下，把就业工作各个模块的重点、难点、堵点通过一个个关键任务、一个个知识点、一个个反思、一个个案例展示出来，较为完整地介绍了就业工作全流程的业务和业务能力提升路径。

本书可以说是邸飞老师从就业工作"小白"到就业业务的"老手""专家"试错、思考、提升过程的再现，是一本宝贵的经验贴、参考书。每一位高校就业工作者都可以把这本书作为一本床头书，随时拿出来翻阅，不管你是刚入职的就业新人，还是工作多年的就业战线老兵，都可以从中借鉴、拓展。本书是可以助力每一位就业工作者加速成长过程的行动宝典。

如果你是一位就业工作新人，本书就是一本工作指南、就业知识大全，可以让你迅速了解就业工作的历史沿革，搭建起就业工作的任务框架和知识框架，助力你快速熟悉与上手工作，形成良好的工作习惯。

如果你已经处于就业工作的成熟期，本书就是一本就业工具书、参考书，可以让你在遇到难点、堵点的时候随时查阅，提升对工作的思考，脱离事务工作的层面，在更高的高度上思考如何改进工作方法、拓展工作范围、提升工作能力，实现从事务到业务的转变。

如果你已经是就业工作中的老兵，本书就是一本反思录、启发书，帮你重新反思熟悉的工作、熟悉的知识、熟悉的案例，站在如何进一步专家化的视角下审视工作，拓展工作深度、凝练工作成果、提升专业化水平，启发你思考从业务到专家的转变和提升行动。

　　本书读起来是轻松愉快的，读的过程中时时让我想起自己工作中经过的事、遇到的人、路过的坎、绕过的弯，有会心一笑，有沉思琢磨，也有"哦，还可以这样做"的感叹，一下午时光悄然而过。好读、启思、赋能、可行，一本好书推荐一读！

　　　　　　北京航空航天大学就业指导服务中心主任　庄杰

　　高校就业工作者肩负着高校毕业生的未来，但很多从业者刚工作时也充满了迷茫。邸飞老师以其丰富的实战经验，将 10 多年的工作收获提炼出了就业工作的 50 个"关键点"，对高校就业工作者具有很大的借鉴意义。希望读过本书的人都能够如邸飞老师一般找到高校就业工作的幸福感和成就感，有情怀又有方法地开展高校就业工作，帮助毕业生实现梦想。

　　　　　　北京科技大学创新创业中心副主任、副教授　张静

　　在我看来，一个优秀的就业工作者需要具备扎实的理论功底、丰富的职场经验和广阔的人生阅历。但是，当前大部分高校的就业指导老师都是刚一毕业就开始从事这项工作，论能力、水平和经验都远达不到"传道、授业、解惑"的要求。如何快速成长为一名专业化、专家化的老师，是每位就业工作者都迫切想要寻求的答案。"不积跬步，无以至千里；不积小流，无以成江海。"邸飞老师的新作的背后，是他十年如一日在就业工作一线的探索、思考和总结凝练，包含了就业工作的全过程、全要素、全方位，

用简洁生动的案例，刻画了一幅幅就业工作中的现实场景，化解了很多就业工作者面临的困惑和难题，可以说是一部"授人以渔"的就业工作宝典。许多篇章，让我读罢似曾相识、会心一笑、久久回味。在此，我推荐给每一位关心就业、热爱就业、从事就业的朋友，与大家共勉！

北京邮电大学就业与创业指导中心主任　陆若然

就业是最基本的民生，高校毕业生就业是一项实操性强、涉及面广的系统性工程，作者10年来一直在中央财经大学从事就业工作，繁重的工作之余，他梳理了就业工作的50个关键点，这些工作中的思考、经验和案例有利于一线老师快速抓住就业市场、就业指导、就业服务等就业核心工作的要义，有利于各高校相互借鉴学习工作中的好做法、好点子，有利于吸引更多一线老师开展就业研究，努力走向职业化、专业化、专家化的道路。

北京林业大学就业创业指导中心副主任　闻亚

这是一本大学生就业领域的工具书，就业工作政策性强且内容纷繁复杂，本书会是就业人的掌中宝，书中给出了翔实的资料、鲜活的案例、实用的工具，为就业工作提供了重要参考，放在案头随手可查，更重要的是邸飞老师用亲身经历探了路，分享了工作的重点、难点、痛点与避坑点，读罢相信会让无数就业人豁然贯通，工作更加得心应手。

这是一本就业工作者的经验集，赠人玫瑰手有余香，本书会让读者感受助人者积攒的芬芳与甜美，书中可以看到就业人如何用心地帮助大学生勇敢迈向人生的职场。作者扎根大学生就业工作一线，十年磨一剑，用心总结、点滴厚积，亲身示范了无数就业人是如何让自身不断成长、成熟且丰盈的，读罢已开始期待作者的更多嘉作。

北京外国语大学就业创业中心主任　兰建华

看到书的第一感受就是邸老师又出新作品了，在此之前邸老师已经开设了"飞说求职"公众号，并出版了《3 分钟说求职》；第二感受是"久久为功"，邸老师自从入职后就在学校就业口工作，成为十年的"老兵"，在一个领域待得时间长是一种经历，但更关键的是做了什么，邸老师属于深耕细作，杰作频出；看了内容之后，第三感受是"善作善成"，书中讲述的关键点都是实实在在发生过的、有迹可循的，通过以案为例的方法，既为刚接触就业工作或资深就业工作者提供了一本"案头宝典"，又可以作为毕业生的一本"点拨书"，让大家行稳致远、进而有为。

中央财经大学学生就业创业指导中心主任　陈振

邸飞老师的这本新书读起来轻松亲切且酣畅淋漓，更让人发自内心有所感慨。书中内容不仅值得学生和每一位就业工作者借鉴学习，带给我更多的是来自书外的启发。就业工作本身无止境无边界，三年疫情对学生和高校工作者都是大考，邸飞老师能在长时间繁重的工作之余勤思考、善总结、提建议，体现了基层就业工作者对学生高度负责、对工作钻研热爱以及满满的钉钉子精神。邸飞老师和他的这部作品可谓知行合一。

中央民族大学招生就业处副处长　张继伟

序

就业是民生工程、民心工程，也是根基工程。党的二十大报告指出，要实施就业优先战略，强化就业优先政策，健全就业促进机制，促进高质量充分就业。高校毕业生是国家宝贵的人才资源，是就业支持与服务的重要群体，可以说，高校毕业生就业就是稳就业、促就业的"牛鼻子"。从高等教育发展和大学治理的视角看，就业工作对于任何一所高校而言都是沉甸甸的。"分量"不仅因其是人才培养质量的重要指标，服务人才强国战略的重要渠道，也是良好社会声誉的重要来源；更因为每一位毕业生的成功就业，都承载着一个家庭甚至家族的奋斗、希冀与未来。所以，就业无小事！

过去的 20 年，从一线学生工作者到分管领导，在推动学校就业工作向上向前的同时，我也看到了一茬又一茬青年就业工作者的困顿与不易。其一，就业工作是与经济社会、高等教育宏观环境变革息息相关的，跟上时代的脚步并不容易。疫情笼罩下的三年，高校毕业生遭遇经济增速放缓、海外留学受限、求职方式转变等多重困境，传统的就业工作模式无疑经历了一次颠覆性的挑战，这既是对技术、对机制的挑战，更是对就业工作者理念、能力、行动力的挑战。其二，就业工作是与这一代大学生群体和每一位学生个体紧密相依的，跟上学生的需求同样不易。当内卷与焦虑并存，"高学历"倾向与"慢就业"矛盾交织，"就业难"与"招聘难"同在，就业"新手"们时常会面临专业不足、能力欠佳、视野局限等种种难题。其三，就业工作是一项事无巨细又考验定力、心性的工作，头绪多、体量大、事务性强、专业要求高是基础特点，如果不得章法、缺乏思考、甘于现状，很容易被淹没在无止境的细碎事务之中，不论对个体成长还是学校事业发展都是万分可惜的。

正是在此情境下，看到邸飞这部新著的初稿，我很为之高兴。当下，一个一线学生工作者在喧嚣繁忙的工作之余，能安安静静坐下来，踏踏实实把经历的、想到的写出来已属不易，还能把微小的职业经历与宝贵感悟记录、复盘、提炼，最终形成体系完整、内容丰富、极其实用的作品更不容易。因而，这部由真实就业工作点滴积累起来的著作，在作者的毅力与坚持下，显现出了独特的视角与价值。

首先，书中讨论和呈现的就业工作"关键点"，可能需要"新手"花上五年、十年才能有所接触和体验，是一本能够帮助就业新人快速建立工作概念、批量化掌握基本技能，同时便于随时翻阅的实用手册。其次，书中采用了"原生态"的呈现方式，但字里行间流露着职场人的专业与审慎、成熟与上进，更有着"就业人"独特的情怀与敬畏，得以把高校就业工作的魅力与价值展现得淋漓尽致。再次，就业工作领域的研究成果和教材类图书颇多，但潜心总结工作本身的作品甚少，书中的部分内容源于邸飞在微信公众号"飞说求职"上的日常写作，这种自媒体式的话语风格简而有力，更能切中当下职场青年人的痛点，对于希望了解高校行政管理工作的毕业生来说也必然开卷有益。

最后，这部作品是邸飞个人职业旅程的记录，同时也是这所大学一代代就业工作者倾注心血、奋力前行的缩影。这些关于就业工作的腥风血雨、实战心得，这些"就业人"的热爱与热情、坚持与坚韧，值得广大读者去走近、去共情、去践行！

相信，江山代有才人出！平凡的岗位也能获得不平凡的经历，祝贺邸飞寻到了属于自己的"不平凡"。愿广大读者和同人，亦能在持久的努力中笃定前行！

朱凌云

中央财经大学副校长

自序

　　创作本书缘起于一次业务培训，我受邀为北京地区"新上岗"就业工作的老师们做一线就业工作经验分享，分享完后不少老师加我微信希望能分享讲课PPT，表示内容非常实用，遇到问题的时候还可以查一查。之后，我和培训的老师们都成了很好的朋友，他们遇到问题的时候也会发微信和我聊一聊。大家经常开玩笑说："你出本书吧！"犹豫了很久，总觉得资历尚浅，谈工作经验未免班门弄斧。后来一位前辈和我说，你总结的都是"看人踩坑"和"自己踩坑"的经历，开卷有益、无须顾虑，最重要的是你在传递一种常思常学的工作态度。回想起自己10年一线就业工作的经历，从职场"小白"成长为业务"老手"的种种过往历历在目，于是提笔落墨，在一个个深夜写完了这本书。

　　书中所述50条是从职场"小白"到业务"老手"的成长经历；我刚参加工作就定岗在学校就业中心，近10年摸爬滚打在就业工作最前线。一线就业工作这个平台，让我逐步成熟，一方面是行政工作能力上的成熟，另一方面是就业工作业务上的成长。受益于此，成长于此，因此书中总结了一线就业工作各个岗位的成长点、业务点，与老师们共勉，希望老师们都能依托就业工作的大平台，快速熟悉业务、抓住机会狠狠成长。

书中所述 50 条是"自己踩坑"和"看人踩坑"的成长教训；10 年的一线就业工作，感谢团队的支持和信任，我经历了就业管理、市场、指导、研究、信息化建设等几乎所有一线就业岗位。2 年成长期，让我摸清业务逻辑、主线；3 年成熟期，让我学会边干边学，探索业务背后的问题，想方设法调结构、解矛盾；5 年发展期，让我学会常思常学，由工作实例向专业指导与咨询、教学研究内涵发展，支持学生发展及学校教育教学改革，也慢慢积累完成了自己的第一本专著，并有了自己的公众号，不知不觉也发了将近 100 篇原创文章。书中的一些想法是自己在一些就业工作中的思考，也有"自己踩坑"的教训；书中的案例来自各个高校一线就业战线的战友们的亲身经历，日常工作中大家经常相互交流、相互支持，自然也就有了很多"看人踩坑"的教训。以此书为平台，分享给各位老师们，希望老师们都能"少踩坑"，迅速驶上就业工作中的"高速路"，压缩成长期和成熟期的时间，飞速进入发展期。

书中所述 50 条是脚踏实地与仰望星空的职业理想；就业工作业务与发展并存，需要老师们脚踏实地地做好业务，也需要老师们仰望星空地做好研究，老师们完成了从事务型、业务型向专业型、研究型的转变，我们的就业工作自然也就完成了一次大跨越。一线就业工作战线的老师们，都是有情怀、有担当的奋进者。书中所述有一线就业工作奋进者的情怀和职业理想，有对就业工作未来的诸多思考，也有对未来就业工作发展的未雨绸缪。"就业是最大的民生"，对于我们而言，不只是工作，而是能够为之奋斗的事业。与老师们一起奋战在就业工作一线，助力同学们充分高质量就业，实现职业理想与人生价值。

边学边练，常学常新。书中这 50 条只不过是日常就业工作小小的缩影，能写的、要写的，远远不止于此！细数下来也许有 500 条，甚至有 1000 条，在就业工作的长河与征途之中，我们始终是赶路人。那么就以书中这 50 条来抛砖引玉，希望更多的老师一起常学常思、共同努力，共同谱写就业工作美好的未来。

在此，感谢所有支持过我的前辈、用人单位人力资源部门的战友们和同学们，漫漫求职路，我们一起努力！

邸飞

2023 年 1 月

目 录

第四部分

就业研究——学如弓弩，才如箭镞

第五部分

智慧就业——工欲善其事，必先利其器

第六部分
新方法、新趋势——一花独放不是春，百花齐放春满园

第七部分
案头工具——功崇惟志，业广惟勤

附录

总述

吾生也有涯，而知也无涯

第 1 条

厘清脉络，拨云见日，推开高校就业工作的大门

高校就业工作很繁杂，事务性工作非常多，从事就业工作的前几年很容易深陷到事务工作泥潭当中，每天忙忙碌碌、跑前跑后，年终一总结又觉得这一年碌碌无为，毫无幸福感和成就感。从业务新手到业务能手，这种窘境和感受或许是每一位就业一线的老师成长所必然经历的过程。同样是事务性工作，为什么刚上手时会觉得"啥也没干"，而越往后越觉得"干了不少"呢？关键点在于刚上手时不知道这些事务性工作背后的意义，更看不到就业工作整体的脉络和逻辑，没有了"魂"的工作，很难有成就感，更别提幸福感了。因此，我们干就业的第一件事就是要找到就业工作的"魂"，概括地说，就是要厘清就业工作的脉络和逻辑。

要厘清就业工作的脉络和逻辑，我们首先要了解高校就业工作的发展历程。当前我们所从事的工作就是随着就业工作不断深入发展一步步衍生而来的。为了方便老师们理解，我们将整个就业工作的发展归纳为三个关键转变，也正是这三个转变不断衍生出新的业务内容。

　　我们在很多公务员报名申请表上还能看到请"高校毕分办"盖章，"毕分办"其实就是毕业生分配办公室，也就是我们现在的就业办。20世纪八九十年代的高校毕业生是"包分配"的，毕分办的主要业务就是为毕业生办理分配手续，这项工作业务一直延续至今，并形成了我们现在的"就业管理"业务，其核心就是为毕业生办理就业相关的手续。

　　随着社会经济的发展，高校就业工作迎来了第一次转变，由高校毕业生"包分配"转变为现在的"毕业生和用人单位双向选择"，这个转变需要高校发挥桥梁作用，为毕业生和用人单位双向选择搭建交流平台。这样，毕业生和用人单位才能有机会双向选择。因此，"就业市场"这项业务应运而生，就业办的主要任务就是开源拓岗，为我们的毕业生创造更多就业机会。

　　求职机会有了，但毕业生人数逐年攀升，求职竞争越来越激烈，只提供岗位机会远远不够，我们需要助力毕业生能够在激烈的竞争中脱颖而出，"就业指导"这项业务职能越来越重要，越来越成熟，逐步发展成覆盖第一课堂和第二课堂、覆盖毕业生和低年级学生群体的就业指导体系，也就是形成了我们当前的就业指导岗位。

　　2013年起，上级主管部门要求各高校发布毕业生就业质量年报，高校就业工作迎来了再一次转型升级，由传统的业务工作向就业研究领域发展。各个高校越来越重视就业研究工作，除了对外发布的《毕业生就业质量年报》，一般也都会对内发布《毕业生就业状况报告》，以就业工作为着力点，推动招生—就业—培养联动，推动学校教育教学改革。"就业研究"也成为当下就业工作的"新发力点"。

2020 年，新冠肺炎疫情的暴发改变了校园招聘和就业指导模式，由线下转变为线上和线下相结合，就业工作又迎来了新的转型升级，这次转型升级主要是新技术、新媒体领域的探索和突破，大数据技术、人工智能、新媒体矩阵技术的应用，让不少就业中心把"就业信息化和新媒体矩阵"作为单独业务板块来专项突破，这样新的业务条线又出现了，并一步步走向成熟。

经过对这三次关键转变的梳理，我们基本厘清了就业工作的脉络和逻辑，就业管理、就业市场、就业指导、就业研究、就业信息化与新媒体等每个细分业务领域其实都是相互促进、相互支撑的，未来或许我们会专注于其中一个业务领域，但我们只有对就业整体工作有充分的认识和思考，才更方便在平时繁杂的事务工作中找到幸福感和成就感。

就业管理、就业市场、就业指导等每个细分业务领域的内容后面会具体展开。老师们要找到属于自己就业工作的"魂"，还需要在工作刚上手的时候就有跳出事务性工作的思维，从整体上看待就业工作。在这里，分享一些自己的感受。

第一，"我们"是毕业生和用人单位之间那双"看得见的手"；在一线就业工作中，我们常常会遇到角色定位的问题。毕业生和用人单位双向选择往往不是一帆风顺的，中间需要我们去牵线、协调、引导，去解决各种问题，小到盖章、寄材料，大到笔试、面试和职业选择，老师们就是用人单位和毕业生之间"那双看得见的手"，既要做好双方的管理，规范双方的行为，又要为双方做好服务，还要做好双方的双向引导，最大限度地解决双方之间的"结构性矛盾"。老师们要发挥好桥梁和纽带作用，这至关重要，而且还要找好平衡，拿捏好度。在一线就业市场工作中，很容易过度管理，比如发招聘信息，若流程太复杂，不少用人单位怕麻烦就不发了；也很容易过度服务，"有求必应"，埋下很多求职安全隐患。我们是桥梁和纽带，更是"那双看得见的手"，是管理者，是服务者，是调控者，也是引导者，这个定位准确了，我们即使在一线就业工作中遇到问题，工作方向也不会错，方向不跑偏，很多问题自然会迎刃而解。

第二，就业工作不只是业务工作，核心是人才培养。在刚上手的时候，我们往往都在处理最烦琐的事务，为学生盖章、给用人单位安排校招场地等，很容易深陷事务工作的泥潭，日复一日找不到意义所在，但随着工作慢慢深入，我们会发现这项工作的魅力所在。我们都知道"就业是最大的民生"，每一名毕业生的身后都是一个家庭，解决了他们的就业问题就解决了这个家庭的头等大事。我们都知道"找工作是很煎熬的"，我们为同学们办的每一件小事，都是在帮同学们熬过最难熬的阶段。在一线就业工作中，做就业管理的老师们经常会收到同学们的感谢信，或许就是我们不经意间的一句安慰、不经意间的一句提醒，温暖了同学们的心。就业工作虽然很累，也很繁杂，但它是非常幸福的，因为我们的努力会实实在在地帮到身边的同学们，这是我们工作幸福感和成就感的源泉。另一方面，我们要站在更高的维度来看繁杂的事务性工作，我们要认识到就业工作核心是人才培养工作。就业工作是出口端，联结着社会需求，可以说我们是反馈社会需求的传声筒。我们的人才培养质量怎么样，毕业生核心竞争力强不强，哪里是薄弱环节，社会需要什么样的人才，都需要哪些能力和素质，这些都需要老师们作为传声筒做反馈，去推动学校教育教学深化改革，去推动人才培养质量内涵提升。这些反馈都是怎么来的呢？其实都缘于我们平时细碎的事务性工作。给学生办手续的时候，多聊几句，他会告诉我们求职过程中和其他高校学生的差距；和用人单位交流的时候，他们会告诉我们用人单位更看重的能力和素质是什么，他们更希望招聘到怎样的毕业生等。因此，看似重复简单的工作，其实蕴藏着巨大的能量。高校工作的核心在人才培养，而老师们的工作就是推动人才培养内涵提升，这其实就是高校就业工作的"魂"。

第三，就业工作是我们个人能力提升的加速器；对于刚踏入职场就在就业战线工作的老师们而言，我觉得这是一件非常幸福的事。为什么？因为就业工作的平台足够大，能够锤炼我们各方面的能力，能够让我们迅速成长为业务多面手，十八般武艺样样精通。从事就业管理工作，虽然琐碎、繁杂，但是能够锻炼我们的管理能力，养成良好的职业素养，能够有能力处理复杂的棘手事件；从事就业市场工作，老师们和用人单位打交道，组织的都是上百家单位、上千人参加的大型校园招聘活动，有很多机会能够代表学校去参加各类会议，也有机会现场主持招聘会，并代表学校发言等，这些能够锤炼我们的组织能力、语言表达能力和沟通能力；从事就业指导工作，老师们能够有机会站上讲台，用心去打造一门课，这其实是很多高校行政管理干部梦寐以求的专业化路线；从事就业研究工作，老师们能有机会沉下心挖数据、做研究、写报告，不仅能提升我们的研究能力，更能练就我们过硬的写作能力。可以说，就业工作这个平台在方方面面都为我们自身的成长提供了丰厚的沃土，我们只要用心、努力，一定能收获满满，坐上个人成长的加速"火箭"。

从业务新手到业务能手，第一步就是厘清工作的脉络和逻辑，找准工作的定位，既能扎进日常琐碎的工作里，又能跳出局部看整体。我们要找到这项工作的"魂"，找到幸福感和成就感的来源，喜欢这份工作，爱上这份事业，当我们既有情怀又有方法时，我们就已经成功推开了高校就业工作的大门。

第一部分

就业管理——九层之台，起于累土

第2条

就业手续核心是抓准两个去向，人的去向和户档去向

就业管理是就业工作的根基，不懂就业政策，没给同学们办理过签约手续，没处理过棘手的违约事件，没整理报送过就业数据，在一线就业工作中，遇到疑难杂症时我们就很难抓住关键点，就业管理是业界很多前辈就业工作的起点。不少前辈在不同场合都和我分享过，就业管理看上去烦琐，却能培养出一双"火眼金睛"，能第一时间发现问题，也能第一时间抓住关键点。

就业管理涉及的就业手续比较广泛，就业推荐表、三方协议、公务员报名推荐表、集中派遣等，同时就业工作为属地管理，各地高校就业手续办理存在一定差异性。2023 年，就业报到证正式退出历史舞台，就业政策也会作出相应的调整和变化。这里，不谈具体的就业手续办理流程，但万变不离其宗，只要老师们抓住两条主线，人的去向和户档去向，很多就业手续问题就迎刃而解了。

人的去向，就是毕业生去哪了——是升学读书了，还是出国

（境）留学了，还是自己创业去了。

上级部门的统计分类字段主要有：国内升学、出国（境）留学、签就业协议、签劳动合同、其他录用形式就业、自由职业、自主创业、暂不就业等，这些分类，学校的就业系统和上级部门的就业系统都有详细说明。

户档去向，就是毕业生的户口和档案去哪了——是去了读研高校，还是回到了生源所在地。

户档去向主要有以下几种：户档至用人单位、户档回生源地、户档暂缓在学校等。

很多同学和新手老师们都不太理解，人的去向和户档去向应该是一回事，户口和档案不是应该跟着人一起走吗？本应该是这样，但实际工作中人和户档不在一起的现象非常普遍。比如，同学们出国（境）留学了，国（境）外的高校是不可能收我们的户口和档案的，这样就得给同学们的户档找个"家"——回生源地人社部门。北京、上海有落户门槛，人虽去就业单位工作了，但户口和档案不能跟着同学们一起去就业单位，就只能回生源地了。正是因为实际生活中人的去向和户档去向存在不同，才衍生出很多相对复杂的特殊情况。我们很多就业手续的终极目的也是确定这两个去向。这两个去向就好比兔子的两只耳朵，当我们牢牢抓住兔耳朵，也就牢牢抓住了兔子。下面举两个案例来说明。

案例1：毕业生派遣工作

毕业生派遣工作的核心其实是让同学们填人去哪里和户档去哪里。

但这成了每年最让老师们头痛的工作，同学们在就业系统里填得五花八门，就业中心咨询电话被打爆。梳理一下同学们的高频问题我们会发现，基本离不开这两个去向。

"老师，我要不要把户档暂缓在学校？"先确定人的去向，继续深造的同学就没必要将户档暂缓在学校了，国内升学户档去升学高校，出国（境）留学户档回生源地。学生如果去单位就业，老师们就再确定户档去向，单位可以接收户档，但是需要一段时间办理的，户档就先暂缓在学校；单位肯定不能接收户档的，户档回生源地就可以了。当我们把人的去向和户档去向问明白、弄清楚，同学们的问题自然也就解决了。

案例 2：就业协议

就业协议除了协议属性外，最重要的就是户口和档案的接收属性。对于高校而言，三方协议主要职责之一就是高校要按三方协议派遣毕业生的户口和档案，也就是确定户档去向。

这样看，就业协议这么重要的材料，也是为了确定人的去向和户档去向。

透过现象看本质，看上去错综复杂的就业手续，看上去个性化极强的棘手问题，不管涉及多少环节，多么复杂，归根到底还是要抓住人的去向和户档去向这两个"兔耳朵"。老师们在处理这些复杂问题的时候，可以尝试主动去抓这两条主线，当拎着主线去一层层把问题拆分开的时候，老师们会发现问题其实并没有同学们描述的那么复杂。抓住两条主线，抓住关键，复杂问题才会变得简单。

第3条

一把尺子量到底，规则、标准要统一

为毕业生办就业手续，给同学们讲就业政策，最怕每个经办老师的标准不统一，同样的情况今天不能办，明天换个经办老师就可以办。今天打电话咨询被告知需要准备哪些材料，明天换个经办老师又需要准备其他材料。这是就业管理的大忌，但又是一线管理工作中最容易出现的情况。

案例：一个情况说明引发的争议

小白同学与用人单位签订三方协议，由于单位没有为她落实北京户口，小白同学需办理户档回生源地的手续。小白同学打电话咨询，第一位老师告诉她，三方协议已经签署，在不确定用人单位是否知晓的情况下，不能轻易将毕业生户档派回生源地，需要用人单位人力资源部门发一封邮件说明确实无法接收毕业生户档；用人单位人力资源部门当天就发送了邮件，第二天小白同学来办理户档回生源地手续，接待小白同学的老师刚来不久，不太熟悉业务，看到邮件后说不行，需要用人单位出函说明。小白同学沟通用人单位人力资源部门，被告知出函需要走审批流程，当天无法办理。小白同学好不容易请了假，不想再多跑一趟，与经办老师发生激烈争执。

　　这其实就是典型的标准不统一，前面老师"松"，后面老师"紧"。单就以上案例来看，经办老师如果一开始就要求出函说明，也不会引发争议，但临时加码，就一定会引发争议。所以，从事就业管理工作，标准一定要统一，要一把尺子量到底。但这么多学生业务，不可能都压在一个人身上，人一多，难免就会出现尺度不一。这个时候，就需要主管就业管理的老师做好以下两点。

　　第一，梳理好每一项业务，把尺度规定清楚；每一项业务都有尺子，最关键是要把尺度和老师们说清楚。以小白同学的情况来分析，第二位老师就是因为刚工作没多久，只知道尺子，不清楚尺度，才让小白同学产生"临时加码，故意卡她"的错觉。因此，主管就业管理工作的老师，不只讲清楚我们要怎么办，要提交什么材料，这是尺子，还要讲清楚，最低要什么，哪些可以省，哪些必须提交，这是尺度。给了尺子，不给尺度，一定会有人"松"，有人"紧"。松紧不一，肯定出问题。新上岗的老师们一定要刨根问底，追着前辈把尺度问清楚，这是我们掌握就业管理工作的关键。

　　第二，重要的事情说三遍：多沟通、多沟通、多沟通，造成标准不统一的主要因素就是"经办老师们之间缺乏有效沟通"。有的时候可能就是一句话的事，前后经办的老师们互相说明学生具体情况之后，标准自然就统一了，相互确认的过程，本身就是拉齐认知、统一标准的方式。

　　看似不可能发生的案例，看似很容易处理的问题，在一线就业管理工作中，很可能每天都在发生，只不过没像小白同学的案例那样，发展成言辞激烈的特殊事件，一线就业管理工作就是一件件小事堆起来的，统一好尺子，统一好尺度，办好每一件小事，也就做好了就业管理这件大事。

第 4 条

抓住核心风险点，刨根问底 "知其然更要知其所以然"

就业政策和就业手续比较复杂、种类也多，不少新从事就业管理工作的老师，都比较爱记 "事"：报名推荐表要怎么盖章，三方协议该怎么更换等，应付常规手续应该不成问题，但是一旦遇到特殊问题就不知道该怎么灵活处理了，还是要不停地请教前辈。从事过一线就业管理工作的老师们都知道，就业工作本身就是个性化极强的事，每个同学的情况都不相同，都需要我们根据实际情况对症下药。这让 "刚上手" 的老师们很头疼，明明已经工作快一年了，为什么还不能独当一面？问题的关键在于，我们不能只记事，还要去挖掘 "为什么要这么办"，"这么办" 是要规避哪些风险点，要规避这些风险点是不是还有其他更好的处理方案。在每个特殊问题，都能完成以上 "灵魂三问" 之后，我们很快就能从业务新手成长为业务能手。

案例："灵魂三问"

我们还以小白同学没解决北京户口需要办理户档回生源地手续为例，一起梳理一下"灵魂三问"。

第一问：为什么要这么办？就业协议规定用人单位、毕业生和学校的职责都是什么？用人单位接收毕业生；毕业生按时到用人单位报到；学校按就业协议要求将毕业生户档派遣至用人单位。小白同学已签订就业协议，学校的职责就是要把小白同学的户档派遣到用人单位，现在小白同学要把户档迁转回生源地，需要用人单位向学校确定小白同学个人所述的情况属实，单位无法接收小白同学户档，才申请户档迁转回生源地。所以，学校需要用人单位出函说明或者公邮说明，核心点就是要让用人单位知晓毕业生户档去向。

第二问：这么办是要规避哪些风险点？最大的风险点就是在用人单位不知情的情况下，学校将小白同学的户口和档案迁转回生源地。以往发生过极个别情况，单位不知情的情况下，学生将户档迁回生源地后恶意违约，用人单位找学校要人，户档不在学校或者用人单位，学校和用人单位都非常被动。

第三问：要规避这些风险点，会不会有其他更好的处理方案？用人单位出函说明是比较常规的处理办法，在一线管理工作中，会遇到用人单位用章流程长，不愿意出具函件说明的情况。所以大部分情况下，用人单位发邮件说明情况即可。如果用人单位发邮件也存在困难，这个时候我们就要再衡量风险点，我们的关键点是用人单位要知晓毕业生户档回生源地，我们可以打电话和用人单位沟通，电话核实毕业生情况，如情况属实即为毕业生办理相关手续。核实完毕后在毕业生申请材料上写明"什么时间点和用人单位哪位老师沟通过毕业生户档事宜"。这样既规避了风险，又高效办理了手续。

　　通过小白同学的案例，我们一起梳理了一遍"灵魂三问"，梳理的过程其实就是日常工作中我们拿到一个问题后内心思想活动的真实复盘，也是老师们刨根问底，"知其所以然"的过程。

　　通过"灵魂三问"，老师们一步又一步地挖出了每个特殊情况背后的关键点，慢慢地我们就会养成这种刨根问底的思维习惯，慢慢地我们就会发现以往棘手的问题，会变得越来越简单，在处理复杂问题的时候，也会越来越有底气，越来越游刃有余。

第 5 条

可以简化的要简化，关键点位要留痕

　　这些年，从上到下各级就业工作主管部门都在不断优化就业政策和就业手续办理流程，各个高校也都在简化就业手续的办理流程。作为从事就业管理工作的老师们，在一线为毕业生办理就业手续的时候，大家基本都是能省就省，能简化就简化，都希望能够快速、高效地为毕业生办理就业手续。可以简化的我们尽可能简化，但是一些关键手续的关键点位不该省的还是不能省，如果一定要省的话，我们自己一定要做好记录。

　　案例：小李同学为某高校毕业生，在外地求职，委托自己学院的老师帮忙领取就业协议，之后小李同学与签约单位违约，以非本人领取、非本人在就业协议上签字为理由，认为这份就业协议不生效；并以此为理由，要求学校、学院为其办理违约手续，随后这件事不断发酵，引发了一系列不必要的舆情。

　　这个案例虽然是极特殊情况，但确实深刻地提醒了从事就业管理工作的老师们，关键点位一定要有记录。如果当初学院经办的老师让学生本人手写一份委托书，即便没有保存委托书原件，拍照备存也可以，这会让老师们在处理棘手问题的时候有更多空间。

除了关键点位的重要手续尽量不能省之外，一线管理工作中有一些小策略是比较管用的，在关键节点上要养成记手账的好习惯。好记性不如烂笔头，我们每天要处理的学生手续非常多，我们可以清楚地记住一天内甚至一周内办过的手续，但现实情况是不少同学的材料一放就是几个月，再去回忆那真是天方夜谭。但当我们养成在经办材料上随手记事的习惯后，我们的材料就会向我们讲故事，上面清清楚楚地写着"什么时间点收的材料""当时的情况是怎样的""我们做了哪些工作"，等等。这样做，一方面对之前的具体情况给出了强有力的佐证，不容易出现各执一词说不清的情况；另一方面即使不是自己经办的，也能让接手我们工作的老师对先前的工作有一个大致的了解，写得一清二楚，不需要再过多解释。有些老师可能要说：每个手续都这么写，岂不是要累死了。其实，随着我们经验越来越丰富，哪些手续容易出问题老师们是心中有数的，只要我们把这部分棘手问题的手账记清楚，基本上就能排除大部分风险点了。

抓关键、记手账是日常就业管理工作中特别好的一个习惯，平时感觉不出来，但当我们处理多年前遗留问题的时候，看到当时经办老师在材料上所写的详细情况，我们一定会感动到哭，工作是不是靠谱，这些小细节才见真章。方便自己，也便利他人，同时也是在简化流程中最大限度地排雷解难。好习惯，更是小技巧和小策略，记好手账会让就业管理工作变得越来越轻松。

第 6 条

该说的不少说一句，不该说的一句不说

我们都知道高校是用人单位和毕业生之间的桥梁和纽带，只依靠用人单位和毕业生双向选择是远远不够的，我们就是那双"看得见的手"，对用人单位和毕业生都要进行"双向引导""双向调控"。通俗一点说，我们是具备管理和服务双重功能的第三方平台，该管理的要严格管理，该服务的要热情服务。但是，在实际一线工作当中，什么时候该管理，什么时候该服务，这个度很难拿捏。尤其是对于"刚上手"的老师们而言，更是一头雾水。有时候同学们来投诉单位，有时候用人单位又来投诉同学们，这个时候我们到底怎么办？结合三个案例来和大家说明。

案例 1：小李同学找到学校就业中心投诉某单位，说三方协议用人单位已经盖章，现在用人单位以岗位取消招聘为由不再录用自己，自己为了这个 offer 拒绝了很多其他单位，找到就业中心寻求帮助。

案例 2：某单位给就业办打电话投诉小白同学，说小白同学已经接收 offer，并承诺提交三方协议，但是到了截止时间一直联系不上小白同学，打电话不接，发邮件不回，希望学校能够帮忙解决。

案例 3：小张同学想要与已签约的单位解约，解约手续正在办理过程中，但小张同学怕影响后续求职，非要催签约单位加快办理流程，签约单位告知小张同学，已经特事特办，全速办理了。小张同学不甘心，找到学校就业中心，希望学校出面帮他解决解约问题。

解决用人单位和毕业生之间的问题，我们需要做的是把握关键两步。

第一，详细了解情况，绝对不能只听一方的片面之词，要听双方的意见。大部分问题都是缘于双方沟通不畅或者双方理解有错位。有的时候听完双方说明之后，问题自然就迎刃而解了。比如案例 2，通过与小白同学沟通，发现小白同学并不是不想签约，三方协议正在邮寄的途中，用人单位的电话他确实漏接了，但回拨过去一直联系不上，在老师提醒下他在垃圾邮箱里面找到了用人单位发送的确认邮件，并马上给用人单位进行了回复。老师们也向用人单位说明了学生的具体情况，之后学生本人与用人单位进行了电话沟通，化解了因信息不对称产生的误会。

第二，明确第三方定位，公平公正、不偏不倚。双方情况调查清楚之后，我们需要做的第二件事就是明确定位，作为"看得见的手"，我们既要规范毕业生的签约行为，又要监督用人单位的校招行为，当任何一方受到伤害，无法达成一致时，我们就应该站出来，"该说的不少说一句"。比如案例1，和用人单位核实完之后，确实如小李同学所述，学校就业中心就需要协同小李同学所在学院一起与用人单位进行沟通，向用人单位说明小李同学的具体情况，希望用人单位能够妥善处理。从小李同学的情况来看，经过学校和学院的共同努力，用人单位与小李同学友好协商，最后为小李同学调剂到了其他岗位。而当双方能够沟通协调得很顺畅，我们就需要学会隐身，这个时候"不该说的一句不说"。比如案例3，学校一直教导毕业生要谨慎签约、诚信履约，小张同学的违约行为本身就对签约单位造成了一定负面影响，合理范围内违约程序双方都已经沟通到位了，只是小张同学为了自身诉求希望加速办理，而用人单位考虑到小张同学的现实情况已经在加速办理。这种情况下，学校不应该出面与用人单位进行沟通，一方面学校不支持小张同学的违约行为；另一方面双方已充分沟通，学校没有理由介入。在一线就业管理工作中，与用人单位沟通毕业生违约情况一定要谨慎，经常会遇到学校打电话沟通，反而给用人单位造成不必要的误解，本意是想了解情况达成谅解，反而被误解为支持毕业生违约。所以，不该打的电话不打，不该说的一句不说。沟通要有立场，更要掌握分寸。

　　以上三个案例的分析，说明了"夹"在用人单位和毕业生之间，老师们该如何平衡好管理与服务，如何拿捏好这个度。我们要先"听清双方"，一定把事情彻彻底底弄清楚，这个时候一定要沉得住气，不能风风火火地妄下结论。处理问题的时候，老师们一定要明确定位，这一步非常关键，我们代表的是官方立场，不该打的电话打过去，会引发一系列连锁反应。做好"看得见的手"，拿捏好管理和服务的度，一步一步谨慎走，棘手问题不再愁。

第 7 条

推出去的还会转回来，不如一次打破砂锅办到底

在一线就业管理工作中，我们每天的任务量非常大，特别是在校级的就业中心，只要一上班咨询电话就没有停过，此起彼伏。有应届生，有往届校友，甚至还有学生家长，再碰上一个棘手问题，基本上一天就在接电话中过去了。所以，不少在一线的老师，每天面对巨大的就业手续办理压力，会不自觉地"往外推"，特别当手续办理涉及其他部门时，会有一种心理暗示"我这很忙了，这不是我负责，先去找其他部门问问，问清楚再说，我先把手头这些着急的处理完"。但是，往往不能事遂人愿，我们因为忙匆匆"推出去"的，兜兜转转还会转回来。而推出去再找回来的学生，一般会比较暴躁，稍微有点明火就爆炸。所以，再忙也要稳得住，一次性讲清楚政策和流程，涉及其他部门的，该怎么办去找谁，办到什么程度再回来找我们，一次说清楚、办到底，这样反而效率更高，先"推出去"其实是饮鸩止渴，"中了毒"再回来，老师们要花三倍甚至更多的时间去"解毒"。

案例：小白同学为某高校毕业生，报考公务员，需要在获奖证书上加盖公章。报考单位要求颁发证书的部门盖章或学校就业部门盖章，小白同学给就读的硕士研究生高校就业部门打电话咨询，因为小白同学就读的本科高校与硕士研究生高校不同，经办老师让小白同学回本科高校盖章。小白同学联系本科高校，被告知需在寒假值班期间办理，但值班时间比较靠后会错过报考部门截止时间，小白同学怕影响报考直接投诉到上级主管部门。

小白同学的盖章手续其实是常规手续，本科和硕士不在同一所高校就读，硕士所在高校核实获奖证书原件即可，本科高校经办老师寒假期间一人值班，手续非常多，在电话中没和小白同学一次讲清楚，直接把小白同学推出去了。如果当初给小白同学讲清楚，告知小白同学如果本科高校盖章存在困难，可以携带原件来硕士高校盖章，小白同学也不会选择向上级部门投诉。本来一句话的事，因为存在"推出去，少办一个是一个"的侥幸心理，事情变得无比复杂，该办的手续没少办，而且还得写说明向上级部门回复。

身处就业管理一线的我们，做事的心态非常重要，小白同学的案例看似是经办老师的一念之差，其实也反映了经办老师做管理工作时心态不对，如果对待每一个手续的态度是从内心要帮同学们解决问题，希望他们高效率、少跑路，那么一定会想办法说清楚、说到位，把自己知道的，可能遇到的困难都告诉办手续的同学们，让他们自己去评估、去选择，而不是同学们问一句，我们说一句；不问就不说，出了问题再重新来，这样看似节省了当时的时间，但兜兜转转早晚还会转回来，反而会消耗我们和同学们更多的时间。大部分同学从没办过就业手续，在他们面前老师们是专家，凡事我们为同学们多想一步，他们就会少走一点弯路，也会少打一个电话，同学们问题少了，我们的效率自然也高了，这才是良性循环。

调整好心态，不推事、不怕事，凡事多想一步、多说一点，一次说到位，一次办到底，那么问题自然会越来越少，效率也会越来越高。

第8条

材料归档不能乱，能让所有人找得到、看得清

　　一线就业管理工作中，归档各种各样的就业材料占据我们工作的"半壁江山"。同学们快递寄回的，我们寄出的，来来回回次数多了，经手办理老师又多，特别容易出现材料归档不到位，同学们的材料找不到的情况。只要一份材料丢失，一个办公室的老师们都要找半天，既影响效率，更影响声誉。材料归档看似是小事，其实是一线就业管理工作中天大的事，同学们和我们之间的信任就是在这些小事中一点点被损耗没了，信任基础没了，自然就容易引发棘手问题。要理顺就业管理工作，我们需要先从理顺就业材料开始。

　　案例：李老师是某高校负责就业管理工作的老师，她一入职就定岗到了就业管理岗。刚入职经验不足，总随手放材料，每一次她外出办业务，一定会被其他老师电话追着找材料。一次因为材料寄回来了，自己拆了快递就去接电话，没及时登记材料，延误了同学办手续的时间，被同学投诉了。这件事之后，她痛定思

痛，一定要把材料归档机制理顺。她加了一周班，一是把所有往届生遗留的报到证材料按报到证打印时间重新归档，并理清了往届生材料的存档规则。二是把所有应届毕业生可能涉及应届毕业生的材料都分门别类理清楚了，每种材料都装在同一个文件盒中；因办理过程中的材料较多，特意设置了多个待办材料盒，为此还在办公室装了一个简易书架，专门用来存文件盒，每个文件盒都写清标签。三是建立手续办理电子台账，每个同学来了什么材料，发出什么材料，差哪些材料，登入登出记清楚，并做到每天更新。这个模式她一直坚持下来，出现疏漏再随时升级模式，就业材料归档井井有条。

材料怎么归档其实并不难，只要逻辑清晰、标准统一，把类别和条目分门别类整理好，用的时候能找到材料，随时登记不丢失，就是好方法。最难的是我们对待材料的态度，案例中李老师后来为什么能够把材料归档做好？最关键的是她的态度发生了转变，以前对待材料，她的态度是只要我自己能整明白就行，乱点无所谓，反正是我一个人管；但是我们不可能时时刻刻在办公室里，人若不在，工作就乱了。现在她的态度变成了"我整理的材料要让所有人都能找得到、看得清"，用这个态度做事，不只是材料归档，其他事情同样也能做好。

在日常管理工作中，交接材料是很小的一件事，有些老师会整理得很好，让下一位接管老师很清楚、很明白，而往往是这些小事体现了我们的做事态度和习惯，也就是我们常说的"是不是靠谱"。特别是对于刚上岗的老师们来说，入职前 2 年的工作习惯会影响我们整个职业生涯。

第 9 条

在棘手问题面前，寻求更多的"关键先生"

我记得在就业管理一线的前辈们曾经告诉我们，"苦点、累点不可怕，就怕遇见不讲理的"。遇到一个棘手问题，可能一个月都处理不完，每天还累到筋疲力尽，而效果却不尽理想。在实际工作中，棘手问题以违约为主，核心的诉求就是要突破规则、突破底线，并想尽一切办法给学校施压。规则和底线是刚性的，我们绝不能逾越，问题的关键就在于怎样让不讲理的讲理。在处理棘手问题的过程中，老师们会发现只靠校级就业管理部门收效甚微，同样的话语，不同人说出来效果完全不同。我们在处理棘手问题时千万不能"打肿脸充胖子"自己硬扛，而是要团结一切可以团结的力量，找到"关键先生"一起扛，下面我们结合具体案例来寻找"关键先生"。

案例：小白同学为某高校毕业生，已经与 A 单位签订三方协议，后来拿到 B 单位 offer，B 单位要求小白同学尽快签订三方协议，于是小白同学向 A 单位提出解约，A 单位主观上不希望与小白同学解约，如小白同学坚持解约，需要走公司内部解约流程。小白同学考虑到在 B 单位要求的签约截止时间前无法完成与 A 单位解约，要求学校在其未完成解约的前提下，提前给新的就业协议与 B 单位签约。

学校明确向小白同学解释了学校的解约政策，在 A 单位三方协议未解除前，无法给小白同学新三方协议与 B 单位签约，建议小白同学与 B 单位充分沟通，说明当前实际情况，能够把签约截止时间延期。小白同学以不希望新单位知道自己的原签约单位为由，拒绝与新单位沟通，而是联系亲戚朋友以各种手段向学校施压。针对小白同学的情况，学校就业中心协同学院共同处理，由学校就业中心老师、学院分管就业工作的老师、小白同学辅导员老师及小白同学的导师妥善做好相关工作。最后，小白同学主动与 B 单位沟通，延长了签约时间。

小白同学违约案例里的"关键先生"是小白同学的导师和辅导员老师。而在实际工作中，"关键先生"往往就是与同学们日常接触更多的学院老师和导师。因此，学校层面处理棘手事件时，一定要充分依靠培养单位的力量，让与同学们有更深情感基础、同时更了解同学们实际情况的老师们参与其中，他们往往会成为发挥决定性作用的"关键先生"。

第 10 条

从这里走向职场，从办手续起培养职场人思维

就业管理部门大部分接触的都是应届毕业生，这一年是他们从学生转变为职场人的关键一年。我们不能再把同学们当"孩子"看待，而要把他们当"职场人"，帮助他们树立职场思维。就业手续办理就是职场思维的第一课，在学校有老师和班干部，有人提醒，有人惦记，到了职场凡事靠自己，要学会独立思考，独立负责，自己的事情要惦记、要上心、要负责。处处皆为育人之地，人人皆为育人之人，办理就业手续同样也是育人，我们要培养同学们的职场思维，润物细无声地帮同学们度过职场适应期，尽早转变角色，赢在起跑线上。

案例：小白同学要办理就业手续，以工作忙为由做"甩手掌柜"，所有手续由父母代办，父母年龄也比较大，不太了解政策和手续办理流程。学校与小白同学父母沟通，由小白同学自己电话沟通并准备材料，不方便请假可以由父母代办，但户档去向、材料准备需要小白同学本人清楚知道。同时，就业中心与小白同学

取得联系，告知就业手续办理流程和材料准备清单，告诉小白同学已经步入职场，要更加独立，自己的事情自己是第一责任人，可以委托办理，但是不能做"甩手掌柜"。小白同学很快准备好相关材料，并独自办理完就业手续。

在实际工作中，我们经常会接到学生家长的电话咨询如何替学生本人办理就业手续，正常解答家长问题的同时，一定建议家长应由毕业生本人办理相关手续，必要时可以与毕业生本人取得联系，说明学校的立场和态度：你马上要转变身份成为职场人，要更加独立、成熟，对自己的事情要主动、要上心。

老师们需要时刻提醒自己，就业育人工作不只在课堂，而是要细化在我们就业工作的全过程，办理就业手续看似很小的事情，却能够体现一个学生的职业素养，往往就是最不起眼的事情，反而会成为未来决战职场的关键要素。因此，从办手续第一节课开始，老师们就要引导学生转变身份、走向独立，不该惯的毛病不惯，该承担的风险和责任要担当，用职场人的思维与同学们对话，给同学们更多选择让他们自己去独立思考、谨慎抉择。有的时候在学校试错还有希望弥补，可职场上的试错成本就太高了。

第 11 条

就业管理是根基，地基不牢地动山摇

不少"新上岗"的老师都不愿意从事就业管理工作，觉得就业管理工作业务量大、棘手问题多，不出问题是应该的，出了问题全是老师的责任，不容易出成绩，还干不成专家。这其实是对就业管理工作最大的误解，要知道业界很多前辈都是就业管理工作出身，就业管理是根基，地基打牢了才能成为业界专家。我们结合具体案例聊聊就业管理工作的成长点，怎样把自己锻炼成这个领域的专家。

成长点一：打通管理工作的"任督二脉"

就业中心是业务处室，业务工作的基础可以用三个字来概括："人、事、会"——上下级协调好人，办好每一件事，组织好每一个会。这三项通用技能学不会、做不好，未来再转换到其他业务处室同样步履维艰。为什么说就业管理工作是基础，因为它既能锻炼我们从事管理工作的基本能力素质，又能带领我们入门就业具体业务，是基础中的根基。

案例：李老师刚入职就在学校就业指导中心，主要负责就业管理工作。工作 3 年后，她转岗到学校办公室工作，本以为会很不适应，结果干得顺风顺水。用她的话来说，目前的工作在之前的就业管理岗都有涉及，内容可能不同，但工作逻辑都相同。

因为要为毕业生办理就业手续，不仅要和上级部门打交道，还要和各学院、其他行政部门沟通，沟通协调上下级部门轻车熟路，转岗到校办岗位，她知道怎样和上级部门沟通，也明白该如何高效地向下级部门分解任务。

因为要解决很多棘手问题，她办事情能够抓住问题关键，知道如何协调资源解决当前困难。转岗到校办岗位后，她做事会抓重点，也知道基层办事逻辑，很受器重。

在就业中心她每年要组织很多会，上级的就业工作会，学校的就业工作会，还有她主讲的就业管理工作会、就业政策培训会等，既能组织会务，又能作为主讲人主讲。转岗到校办岗位后，只组织会务工作对她而言并不难。

李老师自己也感慨，当时做就业管理工作的时候，只觉得事多、活多、压力大，一天天也不知道忙了些什么，没想到不知不觉中练就了一身功夫，在工作强度、压力和工作内容方面，自己基本都能适应。对于刚入职场的行政管理岗老师们而言，能打通行政管理工作"任督二脉"是非常幸运的。

成长点二：成为不可替代的危机处理专家

前面和老师们分享过就业管理工作中有很多棘手问题，处理这些问题让人很头疼，但真的非常锻炼人，能够让我们迅速成长起来。特别是从事就业管理工作的各位老师，未来职业发展也主要在学生工作领域。能不能在学生工作领域站稳脚跟，其中一条重要衡量标准就是是不是具备处理危机事件的能力。这种能力靠纸上谈兵是不够的，需要真真切切的实战经验。

案例：李老师曾经处理过这样一个棘手问题，小白同学要突破学校的违约政策，多次沟通后无果，动员家中老人给学校施压。现场沟通过程中，小白同学及其家人情绪非常激动。李老师处理得非常果断、高效，她赶到现场后第一时间将小白同学及其家人请至单独的会议室沟通，保证不因现场失控影响其他同学正常办理就业手续；老人自述有既往病史，怕老人情绪激动，协调校医院大夫现场候诊；协调保卫处到场，以免发生极端事件；同时协调小白同学所在学院老师、导师到场共同处理。

多次棘手问题的处理经验，能够让李老师在遇到特殊问题时保持冷静、处事果断。用在场老师的评价是"个子虽小，却蕴藏着大能量"。也正是这些能力让她能够在同龄人当中迅速脱颖而出。

成长点三：成长为就业管理的业务专家

就业管理和就业政策有很多学问，老师们同样能往专业化和专家化的方向发展。有经验的老师能够帮助同学们避开不少"坑"，不给未来留隐患。同时，可以将复杂的就业手续变成特色工作。

案例：张老师从事就业管理工作 6 年，他发现各个高校就业手续办理系统都很落后，不少高校还没有自己的就业管理系统，还在用邮箱办公。他在学校智慧校园支持下设计研发了本校的就业管理系统，他了解就业业务，也了解学生，他设计的就业手续都是引导式填报，每个字段都有详细的备注说明，毕业生办手续一步步地跟着系统提示走就行，电话咨询量锐减。自此，张老师在就业工作圈一炮而红，各个高校都邀请他去讲政策、讲手续、讲系统，成为就业领域公认的专家。

张老师做的事情其实并不难，他只是勤于思考、勇于创新，把一线工作中遇到的问题研究透了、总结到了、呈现好了，解决了一线就业工作老师们的痛点和难点，自然就得到了老师们的认可。像张老师一样，在就业管理领域做出成果的老师有很多，有的老师把就业政策和就业手续画成漫画公开出版；有的老师在棘手事件方面非常有经验，被多所高校邀请给一线老师们做讲座等。

成长点四：最了解学生的管理能手

我们都知道老师们是用人单位和毕业生之间的桥梁和纽带，要发挥桥梁和纽带作用，就必须既了解毕业生又了解用人单位。我们可以通过就业市场建设来了解用人单位，那怎么了解毕业生呢？学院就业工作老师有得天独厚的条件，他们离学生很近。那校级就业管理部门怎么办？从事就业管理工作的老师们就成了最重要的窗口，我们是要面对面给同学们办手续的，不要小看这一面之缘，简单地聊上几句，能聊出很多关键信息。"今年找工作难不难，都投了哪些单位，结果怎么样？""这个单位薪酬待遇怎么样？""为什么选这家单位？你们比较看重什么？户口还是发展平台？""这家单位几轮面试，都面什么？你觉得难不难？"以上这些信息日积月累，老师们就会明白毕业生看重什么，了解他们的职业选择，也清楚他们的求职现状等，而这些都会助力我们在专业化、专家化的道路上进阶。

案例：同样是张老师的案例，张老师在办手续的时候特别愿意和同学们多聊几句，与同学们的聊天中他能嗅到很多重要信息。不少同学反映今年就业难，他就去研究招聘信息和校招节奏，发现问题之后反馈给学院老师，帮助同学们调整校招策略；不少同学吐槽某某单位面试流程太复杂，这个单位再次进校招聘的时候，他就去给用人单位提意见，用人单位采纳了他的意见优化了面试流程，结果签约人数和质量双双提升。这家用人单位每年校招前都会邀请他去和一线面试官分享信息。慢慢地，张老师在用人单位校招圈小有名气，越来越多的用人单位请他去做分享。

从张老师的案例来看，他成功地把就业管理岗位激活了，真正让这个岗位成为深入认识毕业生的窗口，并通过这个窗口打开了一片新天地，找到了自己专业化、专家化的钥匙。

其实，就业管理工作的成长点还有很多，不仅需要我们低头踏实去做，更需要我们抬头用心去发现。这份工作的幸福感和成就感同样有很多，来自为同学们解决问题后的那声"谢谢"，也来自同学们朋友圈中传递的那份温暖。

第二部分

就业市场——凡益之道，与时偕行

第 12 条

做与时俱进的赶路人，不掉队、不停歇

我们常开玩笑说就业中心是学校最"社会"的部门，之所以"社会"，是因为就业中心离社会需求最近，需要时时刻刻和社会对接，把校园招聘资源引入学校，帮同学们创造更多的求职机会，这就是从事"就业市场"工作老师们的核心任务。既然是最"社会"的部门，那么从事就业市场工作的老师们，就时刻需要让自己跑起来，时刻与社会需求接轨，不掉队、不停歇，与时俱进，时刻发现新需求、新市场。和老师们一起聊聊就业市场的核心业务点。

校园招聘主渠道要稳得住

就业市场最基本的工作就是举办秋季和春季的校园招聘会，从形式来看，线上和线下相结合，线上有空中宣讲会、网络双选会，线下有校园宣讲会和校园双选会，这是校园招聘的主渠道，也是从事就业市场工作老师们最基础的业务，虽然基础但业务量很大，每年到秋季和春季高峰期，每天十几场校园宣讲会，老师们既要组织好宣讲会现场，又要迎来送往与用人单位交流。但老师们越辛苦越开心，为什么？越辛苦说明用人单位进校数量多，进校数量越多，同学们求职机会就越多，校招主渠道就越稳定。

"大市场"和"小市场"两手都要抓

校院两级就业市场工作定位是不同的，校级层面是"大市场"的概念，要覆盖学校所有学科门类，每个专业的就业市场都要想办法打通；院级层面是"小市场"的概念，覆盖自己学院的学科门类即可。"大市场"是为"小市场"服务的，"小市场"是"大市场"的补充。"大市场"和"小市场"都要抓，两个市场抓稳了，校招主渠道自然也稳了。除了基本就业市场建设外，工作重点上校院两级定位也不相同，校级层面重点在于争取更多优质的用人单位进校招聘，院级层面重点在于将校招需求落实到点位，将更多合适的毕业生推荐到合适的用人单位。

开源拓岗是常态，一刻不能停

"跑市场"是从事就业市场工作老师们的口头禅，"跑"字用得很形象，就是要从学校主动"走出去"，而不是坐在学校里面等用人单位来。怎么跑呢？主要是两种模式，一种是访企；一种是跑会。访企指的是我们去用人单位拜访，与用人单位人力资源部门或者业务部门座谈；跑会指的是我们去参加用人单位或第三方机构组织的校企对接会议。其中，关键是向用人单位推介自己学校的毕业生，为毕业生求职创造更多的岗位。就业圈开会经常会碰到这样的名场面，大家轮着夸自己的学校和毕业生，夸完之后就是互递名片，互加微信，由群聊变成一对一私聊。为什么要跑市场？很简单！老师们对于就业市场需求一定要比同学们更敏感，因为我们是领跑者，我们开跑了，同学们才会跟上来，我们跑慢了，同学们自然也跑慢了。要想同学们不输在起跑线上，老师们就要"抢跑"！

渠道畅通是命脉，关键要落地

"刚上手"从事就业市场工作的老师们，往往都能做好前三项工作，校招再累，干就完了；跑市场再苦，咬咬牙就过了；加不完的班，跑不完的会，但是效果往往不尽如人意。资源到位了，岗位也有了，但送不到同学们手上，或者送到了同学们也不投简历。为什么？渠道不畅通。之前我们聊过学校和学院两级就业市场工作定位和重心不同，如果我们把用人单位比作大巴车，学校是把大巴车"请"到校园里，学院负责把同学们送上大巴车。通知不到位，同学们不知道在哪里上车；动员不到位，同学们知道了也不来上车。所以，学校就业市场老师们负责请大巴车并把大巴车交到学院就业市场老师手中，学院就业市场老师通知并动员同学们上大巴车，每个环节都不能掉链子，一旦有问题，同学们就无车可坐了。所以，学校就业市场老师们拉来资源，一定要交到学院老师手中，学院老师再转给同学们，我们的工作才算落地落位。

四个核心点基本上涵盖了校院两级就业市场老师们的主要工

作内容，就业管理的老师们需要沉下心做管理，而就业市场瞬息万变，就业市场的老师都是日夜兼程的赶路人，我们不掉队，同学们才能站稳脚跟；我们跑得快，同学们才能冲锋在前。

第 13 条

常规工作产品化，市场才能跑起来

我记得刚从事就业市场工作的时候，总能在用人单位组织的校企对接会上看到几位前辈的身影。我就特别纳闷，正值秋招高峰期，难道他们不忙，还有时间"跑会"？向几位前辈请教之后才发现，他们都把招聘信息、招聘会、双选会等常规工作干成了标准化的"产品线"。招聘信息怎么审核，招聘会和双选会怎么组织，全部都有标准化的操作流程，学生团队完全可以胜任，他们只需要在关键节点上把好关，就能做到万无一失，这样他们才有时间和精力去"跑市场"。怎样才能让就业市场常规工作标准化呢？我们需要做好以下几点。

第一，要有标准化的执行手册。我们需要把所有常规工作写清楚，每一项工作的流程是什么，需要做哪些事情，可能会遇到哪些问题，这些问题该怎么解决，这个执行手册就类似于我们监考时考务办发给我们的考务手册，每个时间点做什么事情，甚至需要说什么话都写得一清二楚。经过统一的培训，同学们拿着执行手册就能上岗。

第二，要有相对稳定的学生团队。每个就业中心都会有自己的学生工作队伍，有的是学生助理团，有的是职业发展协会。我们要充分相信我们的同学们，他们工作能力都很强，只要我们把工作内容标准化，搭建好干部梯队，老人带新人，一代接一代，工作会开展得很好。

第三，要让团队有真收获：审核招聘信息、组织招聘会等都是繁杂的事务工作，刚开始同学们还有新鲜感，日复一日同学们看不到收获，慢慢地就会选择退出。学生团队流失率高，一定会影响团队建设和工作推进。所以，我们不能只安排同学们做事务性工作，而是以服务用人单位为突破口，提升他们的职业素养。比如，安排他们做宣讲会现场主持人，提升他们的语言表达能力；安排他们做宣讲会纪要，不只做事务工作，而是深入了解行业和企业；安排人力资源专家给他们做内训，认识职场并提升职业能力等，让同学们在这份工作中有收获、有提升。

案例：小段同学从大一就加入了学校就业中心的学生助理团，刚开始拿着执行手册跟着师兄师姐组织招聘会，后来成为学生助理团骨干，带着师弟师妹们独立承担校园招聘会、双选会等各项活动，工作细致、靠谱，被不少进校招聘的用人单位认可。他每次宣讲会纪要都做得非常认真，几年积累之后他对自己专业目标行业的企业非常了解，用人标准、薪酬待遇、发展路径都了如指掌，很早就确定了职业发展主线，并开始去单位实习锻炼业务能力。毕业后，成功入职目标行业头部单位。

小段同学在就业中心学生助理团的时期，是老师们最幸福的时光，他带领学生助理团承担了大部分常规工作，老师们有更多的精力去对外开拓就业市场。从小段同学开始，一届带一届，学生助理团自运行得非常好，成为老师们坚强的后盾。

常规工作标准化和产品化开头很难，需要我们用心去梳理每一项业务，用心去培养我们的学生团队，但只要标准建起来，队伍拉起来，一定会是良性循环，越来越好，越走越稳。家里稳定了，我们才能走出家门，去争取更多的资源。

第14条

招聘安全是红线，侥幸心理不能有

"刚上手"从事就业市场工作的时候，我们一般都比较谨慎，审核招聘信息、审核参会单位资质都比较严格，而当我们轻车熟路又忙到飞起的时候，态度上就开始有松懈，侥幸心理就会越来越严重。"这么多年了都没出问题，应该没啥事。"只要有侥幸心理，问题马上就来了。

案例：某高校就业中心突然接到小白同学的咨询电话，说自己接到用人单位的面试通知，到了公司楼下，她觉得用人单位办公地址很偏僻且在居民楼里面。她之前是发邮件投的简历，没详细了解公司，搜索了公司网站，主页面是正常的，但往下拉一点就跳转到一个代孕网站。老师们立即核查，果真如小白同学所述，老师们先让小白同学立刻返回学校，其间委派老师随时与小白同学保持联系确保其安全到校，同时老师们开始排查该企业的注册信息，营业执照、组织机构代码等资质，全部都有，该企业在多所学校就业网站上也发布了同样的招聘信息，老师们直接打电话给公司联系人，刚表明身份，联系人立马挂掉电话，之后一直拒接。后来，老师们又用私人电话以求职学生名义打过去，当质问为什么公司网站是代孕网站时，联系人又立马挂掉电话并拒接。经多方排查，这家公司确实存在问题，删除招聘信息并将公司拉入黑名单，并全校排查是不是还有其他同学上当受骗，并马上通知其他兄弟高校。

小白同学的案例告诉我们，危险往往发生在我们注意不到的地方，公司资质没有问题，不代表就真没有问题，审核这关一定要万分谨慎，不能只浮于表面，要深挖下去，不放过任何一个风险点。除了审核公司营业执照、社会统一信用代码等公司资质之外，有几个风险点我们一定要把控到位。

其一，要去天眼查、企查查等查询平台查公司的具体情况，核实企业的司法风险、经营风险等。

其二，仔细阅读招聘信息内容，一方面看有没有招聘歧视（比如性别、非全日制等等，有歧视内容的招聘信息发出去，很容易引发舆情事件），另一方面要看正文中有没有网站链接，所有的网站链接包括二维码图片、网申链接等都要打开查看一下，是不是与校招一致，是不是有风险点，以往审核过程中有发现会"夹带私货"，这就非常危险。

其三，没有网申地址需要发邮箱投递简历的，一定要核实邮箱地址，查看邮箱地址是不是为企业公邮，公邮的邮箱地址后缀一般为企业官方网站域名；如果是私人邮箱一定万分注意，这个时候要上网核实用人单位留下的办公电话，看是否能够查到相关信息，必要时可以打办公电话核实。

其四，其他渠道发来的招聘信息要格外注意，一定严格审查。从事就业市场老师们的个人微信和手机号很容易泄露，会有用人单位跳过网站注册，直接加老师们微信或者直接发邮箱，老师们这个时候一定不要不好意思，该要的企业资质一定要，用人单位的 HR 们都非常专业，企业资质手头都有，也不会因为这点小事觉得我们事多、麻烦。

其五，招聘信息中涉及"付费"的一定要格外谨慎，公务员笔试会有考试费用，一般是一科 50 元。但企业一般没有，更不会有员工培训费、实习费等，这类条件会比较隐蔽，往往在面试之后向求职者提出，需要支付培训费才能正式录用等，老师们要明白，这些要通过付费才能被录用的公司招聘信息都是陷阱，我们在审核招聘信息的过程中，或与同学们沟通的过程中，一旦发现要第一时间制止。

其六，校园招聘会和双选会要防止出现人身安全问题，参会毕业生人数较多的场次，一定提前做好安全预案，现场一定要和学校保卫部门共同做好人流疏导工作，必要时为用人单位更换场地，或采用线上直播的形式缓解线下参会压力。同时宣讲现场如有不当言论，要第一时间制止。

招聘安全是底线，更是红线，只要一松懈，问题马上找上门，不要存侥幸心理，要严谨细致，守住招聘安全的大门。

第 15 条

及时响应很关键，让回复掷地有声

从事就业市场工作的老师们，和用人单位 HR 们沟通都比较密切。对于 HR 来说，他们其实特别期望"短平快"地完成工作，手续、流程能省就省。所以，经常会有 HR 微信我，冷不丁地发一句"老师，在吗？我司急招毕业生，辛苦您转给同学们"，紧接着就是一段长长的招聘信息或者实习信息。这个时候，我们一般都在处理其他事情，要么开会，要么写材料，匆匆看一眼，简单地回个"收到"，或者"感谢"。然后转到学院老师工作群里面，或者私聊发给对应学院的辅导员老师，就去忙其他事情了。几天过后，HR 也没再找我们，我们也没有再去追这个招聘信息，有没有通知到目标同学们，不知道！最终有多少同学投了简历，不知道！但如果我们多做一步、多盯一下，效果会完全不同。

案例 1：春招期间，某单位 HR 微信联系就业市场的老师，有岗位要补录，比较着急，会很快组织面试，问问看有没有同学感兴趣。收到招聘信息之后，当天就定向推送给所有对口专业的毕业生，并和学院就业市场老师多次沟通，机会难得，一定要多动员同学们。要求感兴趣的同学将个人简历当天晚上发送至学校就业中心邮箱，发送简历的同时在用人单位官网一定同步完成网申。当天晚上收到了70多位同学的简历，第二天上午将同学们的简历打包发送给用人单位HR，每一轮面试有多少同学入围，是不是需要再补充简历等，每一个环节都和HR时刻保持沟通，最终3名同学成功签约。

后期这位老师在和案例中用人单位HR聊天时，她说她当时和多所高校的老师们都发了招聘信息，你们学校响应速度最快，不仅很快收齐了简历，同学们也都同步做了网申，因此你们推荐的同学们能够第一批面试，同学们也很优秀，第一批面试完之后业务部门很满意，直接就叫来实习了，后续也有其他高校推荐过来的学生，也组织了面试，但你们学校的同学们已经在实习了，先入为主，优势比较大，业务部门最后还是选择签约你们学校的学生。

案例2：某市人社部门组织当地事业单位统一赴某地招聘，不少高校都参与座谈会，会后大部分高校只是在公众号上推了招聘信息，但其中一所高校面向当地生源建起了微信交流群，点对点进行宣传动员，网上报名、笔试、面试等每个时间节点都在群里提醒同学们，同学们报考过程中遇到的问题，也第一时间咨询组考部门，及时进行解答。最终这所高校7名同学金榜题名，入围比例最高。签约入职后，其中1名同学还作为优秀代表发言。

　　像案例 1 和案例 2 这样的情况有很多，校招期间每个人都处在信息大爆炸的状态，同学们是，老师们是，用人单位的 HR 们也是，当信息多到爆的时候，和没有信息是一样的。这个阶段，谁能真正及时响应，谁能真正掷地有声，把工作落实到位，谁就能真正把机会抓在手里。案例 1 中就业办老师们迅速响应，抢占先机，同学们才赢在起跑线上；案例 2 中就业办老师们认真组织、积极动员，其他高校的同学们可能也报名了，但并不重视，中途可能忘了确认信息就半途而废了，而他们时刻在微信群提醒同学们，同学们坚持到最后，机会一定是留给有准备的人的。与用人单位的情感联系也是一样的，我们及时响应、做事认真，他们省时省力，自然愿意和我们继续合作。第一次合作愉快，后面还有很多次，有机会也会第一时间告诉我们，我们和用人单位之间也会越来越紧密，我们的同学们求职机会、实习机会也就越来越多。

第16条

合作往往从网友开始，相互支持才能双赢

我们都知道和用人单位的沟通交流非常重要，只有校企之间深入合作，才能为毕业生开拓更多就业岗位。一线就业市场工作中，我们与用人单位的沟通看似不少，每年有上千家单位进校招聘，但大部分都是每年见面一两次：秋招的时候见一次，匆匆忙忙寒暄几句；春招的时候见一次，匆匆忙忙聊一聊。说熟，也不熟悉，每年就见一两次；说不熟，也熟悉，每年都见面且持续很多年。归根到底还是因为双方都太忙了，既然"奔现"很困难，而我们又需要和用人单位的战友们有更多沟通和交流，那么我们就从做好网友开始，相互支持、相互成就。

案例：高老师是某单位的人力资源部门招聘经理，在校企合作对接会上认识了某大学的王老师，互换了名片，加了微信。之后，王老师经常在高老师分享的朋友圈下留言，通过双方的朋友圈断断续续有交流。王老师的"就业公众号"只要转载高老师发的招聘信息，会立即转发给高老师；高老师有校招和实习需求，

微信发给王老师，王老师一定有回应、有落实；学校有简历、面试辅导等就业指导活动，王老师也会邀请高老师参加；有媒体采访，需要企业支持的，王老师也会邀请高老师参加。两人虽然见面不多，但平时交流非常密切，在双方助力下，先促成校企就业实习基地的落地，而后以校招为着力点，又促成了校企战略合作协议的落地。

王老师和高老师从网友开始，后来变成了战友，最后成了特别要好的朋友。很多合作都是从网友开始，逐步生根、发芽、开花、结果。

作为一线就业市场的老师，我们跑完市场之后，与目标企业的交流不能只停留在萍水相逢层面，要有破局意识，不能被动等待，要主动沟通交流，否则我们辛苦"跑市场"换来的只是微信通讯录里一个简单的名字，微信交流对话也只停留在相互介绍和简单的寒暄上。从朋友圈的互动开始，从主动转发校招信息开始，从用心对接好每一条招聘需求开始，创造更多工作上交流的机会，工作交流越多，就更容易创造出更多的合作机会，彼此之间才会越来越熟悉。学校与用人单位之间的"强连接"都是从一件件小事之间积累起来的，校企双方的深度合作也都基于与用人单位的"强连接"。从网友开始，与用人单位相互支持、同心同行、共谋发展。

第 17 条

团结一切可以团结的力量，只为校招百花齐放

　　高校是用人单位和毕业生之间的桥梁和纽带，高校与用人单位之间同样联结着几条非常重要的桥梁和纽带，这些桥梁和纽带的主要任务就是整合自身领域内的优势市场资源，将更多高质量用人单位引入校园，服务用人单位校园招聘，助力用人单位引进高层次人才，同时促进毕业生充分高质量就业。这些桥梁和纽带与我们高校一样，都扮演着第三方的角色，只不过我们的主体是我们自己的毕业生，而这些桥梁和纽带的主体更倾向于用人单位。虽然工作角度有所不同，但殊途同归，我们最终目标是一致的。这些桥梁和纽带是就业市场中非常重要的一支力量，作为一线就业市场的老师，我们需要与这些桥梁和纽带互利共赢、并肩作战。目前来看，就业市场内比较重要的第三方力量主要有以下四支。

　　第一支是市场化的第三方人力资源机构。我们比较熟知的主要有智联、猎聘、前程无忧等第三方人力资源公司，它们主要为用人单位提供校招服务，全权代理用人单位与高校进行对接，用人单位在高校内的宣讲会、双选会等校招活动完全由它们组织承

办。除了校招线下服务外，它们还提供全方位的校招服务，一些用人单位从网申到笔面试都会用第三方机构的校招平台。

第二支是具有国企、央企属性的人力资源公司。我们比较熟知的有国投人力资源公司，它是国投集团下属单位，它的国聘平台汇集了大量高质量央企、国企和知名民营企业资源。

第三支是地方或区域人才引进的"排头兵"。一般由地方人社部门或组织部门下属事业单位或人力资源公司牵头，我们比较熟知的浙江人才、南京人才、北京金融街人才等，它们一般会集聚自己所在地最优质的单位资源组团进校招聘，如果同学们想去它们所在地就业的话，绝对不要错过它们组团进校招聘的机会。

第四支是教育系统内促进毕业生就业的服务机构。比较熟知的有北京市高校大学生就业创业指导中心等，它们与高校就业部门职能类似，但平台更大，集聚所在地区的优质单位资源，多采用组团进校招聘的形式。

以上是我们在一线就业市场工作中最不可忽视的四支力量，它们各有所长、各有优势，我们需要与它们精诚合作、并肩作战，同时我们更要学会充分整合各支力量的优势资源，根据学校的实际情况，搭建更多供需对接平台。

第一，依托市场化平台促进就业市场均衡发展。市场化第三方机构用人单位资源大而全，基本覆盖所有国民经济行业类别，而我们自己的就业市场更多依托优势学科，在行业类别上相对集中、单一，我们需要与市场化第三方机构合作，更多地开拓圈外高质量用人单位资源，让我们的就业市场行业分布更加均衡，为我们的毕业生创造更多行业就业的机会。

作为一线就业市场老师，我们要了解校招市场的运行模式，市场化第三方机构起步早、技术成熟、市场份额大，能够有效推动进校单位数量和质量双提升。同时一线实操过程中，我们也要做好监管，与市场化第三方机构、用人单位积极保持沟通，共同管理好校招实施进程。

第二，依托地方人才机构推动校地合作。地方人才机构是地方人才引进的排头兵，集聚了所在地最优质的用人单位资源，校企合作的空间非常大。一是能够促进就业市场地域分布更加均衡，特别是可以为同学们创造更多赴新一线城市和回生源地就业机会；二是能够最大限度抓住地方人才引进政策的红利，为同学们开拓新就业渠道；三是能够以地方人才为发力点，促进校地全面合作。

第三，依托优势资源打造高质量就业高地。国聘行动集聚了最优质的央企、国企资源，北京金融街人才、上海陆家嘴人才金港等集聚了行业内高质量金融机构，广州、北京高校毕业生就业中心又吸引了本市最优质的用人单位，这些都是同学们心心念念、最想投的单位资源，依托他们背后的优质资源，老师们可以合作打造分行业、分地域的高质量就业平台。

团结一切可以团结的力量，用好一切可以用好的资源，一线就业市场老师们眼界要足够开阔，合作共赢意识要足够强大，在我们推动下，才会有更多高质量用人单位资源进校招聘，我们的校招市场才会百花齐放。

第 18 条

就业办也是考务办，专项工作要定点突破

除了企业校招，就业市场中还有一支特别重要的力量，那就是公务员招录单位的应届毕业生招录。公务员招录与企业校招流程差别很大。作为一线就业市场老师们，我们不仅要熟知企业校招流程，更要熟知公务员招录流程，并能够在每年 10 月左右公务员开始进校招录的时候，做到熟练地切换频道。组织公务员单位招录的关键点如下。

第一，宣讲会校方是实施主体。企业校招可以委托第三方机构，校招线下落地完全不缺人手组织，企业工作人员只需要完成现场宣讲任务，其他所有工作一般都由第三方机构组织实施。而招录单位人少、活多，又没有第三方机构支持，进校招录只能更多地依靠学校老师们。因此，我们要对招录单位进校招录给予更多的保障和支持。招录单位进校宣讲工作，老师们是落地实施主体。宣讲会组织方式更像我们日常办会，我们要提前确定好宣讲会人员名单，按日常"办会"模式准备桌签（台卡）、会议议程等会议材料。除了必要的会务工作之外，还有两个关键点，一是要

提前确定进校宣讲人员名单，如涉及招录单位领导进校宣讲需要提前邀请学校相应领导出席（企业进校同样需要）；二是一定要提前与对方单位沟通，是否需要校方主持宣讲会。企业一般不需要校方主持，人力资源部门或第三方机构会负责，如果需要会与校方沟通。

第二，组织报名校方要严格把关。招录单位招录报名一般是线上报名和线下审核"双轨并行"，同学们在线上完成报名，会生成报名推荐表。同学们需下载打印报名推荐表，报名推荐表上的内容需要学院、学校两级盖章审核，一般由学院党委出具学生的综合表现情况并盖章，学校就业中心或组织部门重点审核学生的报考资格。线下报名推荐表需同学们扫描上传报名系统，纸质版资格复核时上交。

第三，组织考试校方要落细考务。招录单位招录笔试一般会在高校相对集中的城市设考点，学校不需要负责具体考务工作。但有一些专项招录（如定向选调生招录等）为方便同学们报考会采用"送考入校"的形式，组考单位在学校设立考点，同学们在自己学校笔试。这个时候，就业办就是考务办，要配合组考单位的老师们完成公务员考试的考务工作。公务员考试考务工作规格高、要求高、标准化强，组考单位会有详细的考务手册，驻校工作组会提前开培训会，老师们一定听从组考单位要求，逐项落实落细。校内组考要注意以下几个关键点：一是监考人员要提前落实到人，并做好培训，严格按照监考人员准则逐条实施，按时发卷、收卷，清点好数量，绝对不能遗漏。二是提前协调好其他相关部门（保卫部门、后勤部门、校医院等）。考试铃声要提前设置好，考场提前打扫，且桌贴门贴等布置好后要进行封闭管理，同时校内组考一般会要求提供考务办和考场内视频资料备存，一定提前联系相关部门录制视频。要设置相应隔离考点，也要提前沟通校医院进行现场保障。三是考务办工作人员要做好现场考务工作，押送试卷、随机抽签分考场、发放考务袋、巡考、清点试卷和答题卡等。

第四，政审考察校方要严谨、细致、全面。除了"送考入校"笔面试在学校进行，其他形式的面试会由组考单位单独组织，但政审考察一定会放在学校。我们需要做的是配合招录单位进行档案审查和个人考察，我们需要协调档案管理部门提前准备好考生档案由考察人员查阅，需要注意的是按照档案管理规定，在同学们未离校前档案是不能直接寄到招录单位的，会有一些招录单位要求学校将同学们档案寄至单位，我们要与招录单位充分沟通。个人考察我们需要协调考生所在学院，提供谈话人员名单，并组织好谈话。需要注意的是谈话人员名单一定要按考察工作要求，如果涉及临时变动，一定要报经考察人员同意。

以上是公务员招录基本流程和关键点，大部分公务员单位招录会全国统一发公告，进校宣讲的并不多。能进校宣讲的招录单位招录计划一般为区别于统考的专项招录，比如定向选调生、人才引进等。对于各省区市的专项招录计划，我们一定要高度重视，不能按照常规校招来类比，要花力气专项突破。

第一，组织动员要精确到人。发招聘公告、发公众号等常规校招宣传方案达不到预期效果。不同于企业校招，同学们对单位招录信息认知存在滞后性，这就需要我们花力气精准突破。目前，比较有效的常规做法就是通过学院多轮动员、点对点通知，同时建立微信工作群，拉往届毕业生进群，在群内点对点进行宣传，随时解答同学们的问题。在秋招校招信息大爆炸的阶段，微信群的点对点组织动员是效率提高的好办法。

第二，支持保障要全程发力。公务员招录流程长、时间跨度大，同学们又不熟悉，很容易在报名过程中"非战斗性减员"。一线工作中，经常有同学们忘了线上确认、忘了上传报名推荐表、忘了打印准考证、忘了参加调剂等，各种各样的原因与招录缘分已尽。所以，和企业校招不同，我们的工作不是在宣讲会之后就基本结束了，而是在宣讲会之后才刚刚开始，我们需要全程支持保障直到毕业生离校。一线工作中具体怎么操作呢？在微信群内定时提醒，每个关键时间点都要提前在微信群内提醒同学们，什么时候截止网上报名、什么时候网上确认、什么时候打印准考证等，每个关键节点都要提前通知、提醒到位，同时同学们在群内提的所有问题，要第一时间处理解答，这看似挺简单，却很实用。

公务员招录在秋招后期，会成为一线就业市场老师们的核心工作之一。10月之后，我们既是就业办，又是考务办，掌握好以上的规律和方法，常规工作有条不紊，专项工作也能定点突破。

第 19 条

双向引导是制胜法宝，念念不忘必有回响

负责高校就业工作的老师是用人单位和毕业生之间的桥梁和纽带，是那双"看得见的手"。我们不能只依靠就业市场这双"看不见的手"去调控，这样下去，就业的结构性矛盾会越来越突出，用人单位都盯着精英群体，毕业生求职期望又过高，双方都不是奔着"最合适"来找，大量就业机会都集中在少数精英群体手中，大部分毕业生前赴后继往几个高薪酬的行业里面挤。就业机会不能合理调配，毕业生就业难；求职过度集中在部分行业，用人单位校招难。用人单位和毕业生"两难"困境怎么缓解呢？高校的双向引导至关重要。一方面引导用人单位不要总盯着精英群体，更合理地分配就业机会；另一方面引导毕业生合理调整求职期望，合理调整目标行业和地域，不过度集中、单一。长此以往，良性循环，毕业生就业结构不过度集中单一，更加多元均衡；精英群体高质量就业，中等群体合理就业，困难群体充分就业。

案例：某公司春招阶段进校招聘，与学校负责就业市场的王

老师交流，希望能招聘到学校最热门专业的毕业生，王老师向用人单位说明了该专业毕业生的签约情况，目前已基本落实并且毕业生选择较多，建议其招聘重心放在其校招专业目录内的其他专业，并向用人单位推荐了几个专业，这些专业毕业生所学内容完全能够胜任用人单位岗位要求，并且也都非常优秀。王老师马上与推荐专业的学院就业市场老师联系，与用人单位一起座谈，为用人单位点对点推荐毕业生，最终有 4 名同学成功签约。

随后，学校就业中心协同学院一同赴该单位走访，实地调研了企业具体情况，并与该单位校友和签约同学座谈，校友及签约同学对公司薪酬待遇和未来发展都比较满意，诚挚向师弟师妹们推荐这家"宝藏"公司。之后，学校与该单位签订就业实习实践协议，共建就业实习实践基地。基地刚落成的前 2 年，由于该单位所属行业与学校传统就业行业相差较大，同学们积极性不高。学校通过企业开放日、寒暑期社会实践、就业实习等多种形式，创造机会让同学们深入了解用人单位。经过几年铺垫，学校毕业生简历投递量已经提升至该单位的前 3 名，签约人数逐年攀升。

王老师这个案例就是双向引导的典范。一方面引导用人单位合理调整校招期望，从实际需求出发，合理定位目标专业和目标人群；另一方面引导毕业生开拓眼界，在主流就业圈外寻找"宝藏"企业。实现了用人单位和毕业生的双赢，同时也优化了学校整体的就业结构，在主渠道行业保持优势，开拓渠道在其他行业创造更多机会。

双向引导工作很难，有可能用人单位和毕业生都不听老师们的建议，有可能做了很多工作，到头来还是竹篮打水一场空，但是它意义重大。对于用人单位而言，能够找到更合适的毕业生，减少流失率，提高稳定度；对于毕业生而言，能够发现更多适合自己的就业机会，而不是一味高期望的"卷"；对于学校而言，毕业生就业结构优势行业大旗不倒，其他行业多点开花，学校就业基本盘才能稳定，抗风险能力才强，不会因为优势行业的风吹草动，而让我们的就业形势剧烈变动。所以，即使再难，也要坚持下去，调整需要时间，可能不会立竿见影，但念念不忘必有回响。双向引导工作中有哪些点值得我们关注呢？具体如下：

第一，定位明确。我们双向引导的重点工作对象是中层群体，学生精英群体不缺求职机会，行业内头部用人单位也不缺优秀生源。我们更多的是让中层群体的同学们合理调整求职期望，撞了南墙要回头，寻找更加适合自己的求职机会；更多的是引导中层用人单位适时调整校招期望，不只盯着精英群体，把机会更多分配给更适合、更稳定的同学们。地域和行业的双向引导定位是"优势行业和地域大旗不倒，开拓更多优势行业和地域的'圈外'渠道"。优势行业和地域"圈内"的用人单位对我们很了解，同学们对它们也非常了解，我们不用引导，同学们就会优先去"挤"，我们只需要做好服务。我们引导的重点在圈外资源，我们和用人单位互相不了解，同学们和用人单位也不了解，我们需要访企拓岗，引导更多行业用人单位进校招聘，引导更多同学们关注圈外的"宝藏"单位。

第二，烙印在心。双向引导这项工作很难，需要我们就业市场的老师们烙印在心、养成习惯，把它内化在平时工作的每时每刻。和用人单位交流的时候，只要有机会就要引导用人单位，向它们推荐我们非优势专业的同学们，向它们推荐学校中间群体和困难群体的同学们；在和同学们交流的时候，只要有机会就要引导同学们，不死磕头部单位，被拒绝了要懂得调整，圈内资源要挤，圈外资源更要看，向他们推荐圈外的"宝藏"行业和单位。

第三，久久为功。双向引导是个大工程，需要不断端口前移，内化到人才培养的全过程，只靠校级就业中心是不够的，需要校院两级共同发力。互相认可需要时间沉淀，校招只是一个突破口，关键要看后面的组合拳，企业走访、社会实践、就业实习、企业进课堂等都是有效的方式方法，坚持不懈地做下去，立竿见影是不现实的，最短的周期也要 3 年，功成不必在我，久久为功，必有回响。

第 20 条

跑好接力赛第一棒，打开校企合作新局面

我们都知道从事就业市场工作的老师们是离用人单位最近的，就业市场工作，不仅仅要做好校园招聘，处理好繁杂的事务性工作，还有两项特别重要的工作：一项是将社会需求反馈给培养单位，告诉学院用人单位迫切需要具备什么能力的毕业生，我们在人才培养过程中要着重培养同学们哪方面的能力；另一项是跑好校企合作的第一棒，以校园招聘为突破口，促进校企、校地之间全面合作，从就业工作开始，培训、科研、教学等一棒接一棒地往后推，把更多社会资源引入学校，助力学校各项事业发展，实现校企、校地双方共赢。

案例：某企业每年都会来校宣讲，与负责就业市场的张老师沟通交流非常多，也与学校签订了就业实习协议，但合作也主要停留在校园招聘和实习实践层面。学校举办学生职业规划大赛，张老师本想邀请企业参与评审，通过深入沟通张老师发现企业非常希望能与学校有更多合作。张老师先从就业中心内部开始，一

步步延伸与企业开展合作。第一，邀请企业冠名赞助学校职业规划大赛，并深入参与到就业中心组织的简历修改、面试辅导与学生个体咨询当中；第二，邀请企业与企业校招目标专业所在学院共建，先以往届毕业生分享会、企业高管进课堂等就业指导活动为切入点拉近企业与学院联系，企业与学院沟通紧密之后，企业的员工培训、课题研究等项目学院都积极参与其中；第三，合作基础稳定之后，学校与企业签订战略合作协议，企业随后设立了奖学金，赞助了学校的部分基础设施建设，校企之间由毕业生就业为开端，从党支部共建，再到培训项目、科研项目，最后实现全面战略合作。

案例中的张老师很好地把"校招资源"整合成了"校企资源"。作为一线就业市场的老师，我们要有资源整合意识。张老师的工作思路值得借鉴，先从就业工作内部开始发力，把市场资源向就业指导引流，用市场资源支持学校就业指导与课程建设；再以就业指导为突破口，由校级层面推到院级层面，由就业出口端向人才培养过程端推进，在学院层面由毕业生就业向科研、教学、培训推进；最后校院两级协同发力，推动校企战略合作协议落地。

但在实操过程中，这一过程很容易半途而废，为什么？在就业中心，就业市场和就业指导一般被分在两个科室，校级就业中心和学院之间又是两个部门，一旦忙起来就很容易各自为战。因此，需要资源整合的牵头人更有大局观，以及不断前移、不断推动的决心，真正落实到位，这对校企双方均是双赢。就业工作核心是人才培养，只有最终落实到人才培养端，才是从根本上解决问题、推动改革。对于从事就业市场工作的老师们，我们是出口端，联结着社会需求，我们是社会需要的传声筒，虽然路途遥远，损耗连连，但只要我们勇于坚持，用心跑好第一棒，一定会取得接力赛的胜利。

第 21 条

校招规律很重要，做校招节奏与策略的掌舵手

　　毕业生求职是体力活，更是技术活。除了写简历和笔面试需要技巧之外，把握校招规律并随时调整策略也非常关键。而这门技术对于只经历一次求职季的应届毕业生来说，真的太难了！这个时候就需要在就业市场一线摸爬滚打了很多年的我们挺身而出，通过调整学校整体的校招节奏，带着我们的应届毕业生一起往前跑。要做策略调整，我们需要熟知校招规律，校招规律都有哪些呢？

把握时间规律，每个关键节点不掉队

　　在整体时间维度上，一年的校招季会经历一个大波峰和小波峰，呈波动递减趋势。总结一下就是四个关键词。

　　提前批次：核心就是暑期实习，从每年的 5 月开始，用人单位纷纷开启暑期实习的网申通道，会有一部分同学通过暑期实习留任的方式拿到用人单位的第一批 offer，也会有用人单位采用项

目答辩等形式——给同学们一个具体案例或者项目，1 个月后进行项目答辩，答辩通过的同学入围，"考察套路"虽然不同，核心点都一样，都希望利用暑期这个黄金期，去圈定最优秀的精英群体，把提前批 offer 发下去。

提前批次阶段老师们的校招策略以暖场为主。不少同学不具备提前起跑意识，晃晃荡荡就过了暑期实习的关键期。老师们先要在公众号上整合暑期实习信息，铺天盖地地扔出去，同时配合网络双选会，氛围一定要烘托到位，让越来越多的同学开始觉醒：我要开始找工作了！第二步就是邀请重点单位进校暑期实习的宣讲，重点突破保证主渠道暑期实习的稳定。

金九银十：每年 9 月—12 月是秋季招聘季，9 月、10 月又是秋招的高峰期，这个阶段大部分用人单位都会开启当年的校园招聘，互联网大厂会早一些，它们会提前到 8 月。校招主体主要是银行、保险、券商等金融机构以及央企、国企，各省区市在此阶段也会定向招录选调生。这个阶段是我们最忙的时候，一般每天要接待 20 家左右用人单位入校，用人单位数量和质量这个阶段都是最多（好）的，也就是我们之前说的"大波峰"。之后，随着入冬，进校单位数量会呈断崖式下降，年底触底。但这个时候，是高校和事业单位招聘窗口期，会有大批高校和事业单位在这个阶段开启校招。

秋招策略的核心就是拼资源，用人单位进校招聘数量越多越好，单位质量越高越好。高峰期不播种，后面一定会拉胯。具体策略主要有 3 个方面：第一，网申期间网络双选会不能停，不少高校线下开启之后会停掉网络双选会，网络双选会最主要的用途就是增加同学们的简历曝光率，起到锦上添花的效果，这还是有必要的。第二，线下校招是重中之重，秋招阶段不能停，不少同学会反映，用人单位校内面试完之后，还要网申，意义何在？最大的意义是线下面完会把同学们从网申中拉出来，要知道，找工作最难过的就是网申关，尤其是学历和专业背景处弱势的同学们，拼的就是线下面试给自己争取机会，本来网申会挂掉，HR面得不错，会单独把同学们捞出来，所以线下校招很关键。第三，非高校所在地的单位要给足资源支持，我们都知道属地就业资源最丰富，我们的就业市场也主要是属地用人单位，在秋招高峰期，属地外的用人单位很容易被忽略，因为同学们都是第一次求职，很多同学一股脑儿先投属地单位，等属地单位不要他们，再去看属地外单位的时候，它们的校招工作早结束了。所以，我们需要给属地外用人单位更多支持，线下招聘要加大宣传，线上招聘一定要做好后续对接，效果不好要帮忙单独推荐，秋招高峰期的属地外单位最好做到"一企一策"。

秋热春凉：校招有两季，秋季和春季，第二年的三四月是春季校招的高峰期，同样会有一个"小波峰"，但是和秋季校招相比，这个波峰要小得多，所以我们叫"秋热春凉"。春招的核心是"查漏补缺"，大部分用人单位会把秋招被同学们"鸽"掉的岗位投入春招市场，春招的节奏也是短平快。网申期很短，校招流程也很紧凑，不少补录岗位第一天投简历，第二天就面试，第三天就差额实习了，窗口期很短，这个时候我们的策略就是快准狠，拼的就是谁反应更快，这个时候我们的渠道一定要畅通，会有很多高质量的岗位信息通过微信转发，校院两级的默契配合和响应速度极其重要，如果我们浪费了时间，那么我们的毕业生就失去了先机。同时，春招是本科生的主战场，刚考完研会有大量本科生回流就业市场，用人单位也都明白这一点，一般会预留一部分本科生岗位去抢考完研的同学们。所以，春招我们一定要做好本科生的求职冲刺工作。

秋种春收： 秋招是主体，秋招阶段需要种下种子，后面才会有收获，如果秋招阶段不去大量播种，到春招这个阶段，机会少得可怜。会有不少毕业生抵触"海投"，其实我们要抵触的是漫无目的"海投"，最终不会去的用人单位都要投，这是在浪费时间。但是在自己目标范围内的用人单位，我们必须"海投"。除非，同学们的职业主线特别清晰，定位非常明确。但是，在一线工作中，老师们会发现绝大部分同学做不到定位明确，绝大部分同学都是边投边摸索，用整个秋招的时间来摸清自己在求职市场的定位——是精英群体、中间群体，还是困难群体。所以，作为从事就业市场的老师们，我们在校招策略应对上也要这样，把秋招的量做足，引导同学们不要怕陪跑，一定要多播种，陪跑到最后，春招才会有补录的机会。

校招时间节奏是怎么来的呢？是随着用人单位的校招流程来的。每个用人单位流程虽有不同，整体规律还是有的，作为从事就业市场的老师，我们要烂熟于心。

9 月—10 月，秋招网申和笔试阶段。 用人单位一般会以"全国空中宣讲会 + 目标高校线下宣讲会"形式进校，网申和笔试有拆开的，也有合在一起的，笔试内容一般为行政职业能力测试 + 专业知识 + 心理测试 + 外语测试（托业水平）。

10 月—11 月，初面（一面）。 一般为人力资源部门面试，随着 AI 面试的普及，会有用人单位用 AI 面试替代初面或者增加一轮 AI 面试，主要考察同学们的综合素质与企业匹配度；如果组织线下面试，以群面（无领导小组讨论）为主。

11月—12月，业务面（二面）。一般为具体业务部门进行面试，以线下面试为主，主要考察同学们专业能力和业务素质，"多对一"的形式较多（多个面试官对1名面试者）。

12月—次年1月，Boss面（终面）。由分管业务部门的主要领导面试，线下为主，主要考察同学们的价值观和公司匹配度。会有部分单位终面结束后，再加一轮人力资源面试，主要考察同学们稳定性和签约意愿。

1月—2月，体检、签约、顶岗实习。这个阶段也会提前到12月，用人单位会发最终offer，安排毕业生体检、签约，会安排毕业生顶岗实习，一般为等额实习。

3月—5月，查漏补缺。秋招放弃offer的岗位进行补录，会从秋招候补名单里顺延，或定向寻找目标高校推荐。考察流程与秋招类似，但周期一般会比较短。

5月—6月，继续补录、暑期实习。最后一批补录，同时开启暑期实习，准备下一届校园招聘。

6月—7月，入职手续。为新入职员工办理入职手续，开始新员工培训。

把握节奏规律，每个赛段不出局

除了时间规律，校招节奏也非常重要，就像跑马拉松，每个赛段都有不同策略，策略不对，节奏被打乱，我们就出局了。一年的求职季，我们可以分成6个赛段，3个调整点。把握好每个赛段的节奏，每个赛段不出局，就能胜利坚持到终点。

5 月—8 月，起跑期。暑期实习＋求职准备，方向比努力更重要。

这个阶段主要是暑期实习和求职准备，我们需要做好暖场工作，让更多的同学提早准备，一方面是简历、笔面试等具体的求职准备，最重要的是要让同学们明确求职方向，一定是有方向、有目标地"海投"，而不是如无头苍蝇般瞎碰。这个阶段，方向比努力更重要。

9 月—11 月，加速期。多投、多笔、多面、多复盘，越努力、越幸运。

这个阶段是秋招高峰期，我们需要为同学们创造更多机会，让他们能够播下更多种子，这个时候没有捷径可言，同学们多投、多笔、多面、多复盘，我们要线上和线下相结合，要地域多元、行业多样，要数量也要质量，越努力、越幸运。

11 月，第一个调整点：聪明做"减法"。

这个阶段网申基本已经截止，"海投"的第一轮结果已经揭晓，对于同学们而言，要开始做减法，总部层面全挂掉了，总部层面用人单位可以少投一些，总部下属二级公司要多投；对于我们而言，也要作出同样调整，减少宣讲会，减少网络双选会，办更多以直接面试为目的的线下双选会，推动更多用人单位在校内完成首轮面试，线下面试比 AI 面试优势更多；减少头部资源关注度，下力气邀请更多中层资源进校，夯实整个主渠道基础。

12 月—次年 1 月，攻坚期。心态不要崩，跟好不掉队。

这个阶段第一批 offer 已经明确，同学们开始焦虑，很多同学手里没 offer，心里没底，开始自乱阵脚。对于同学们而言，这个阶段还需要坚持下去，该面的面，不怕陪跑，跟好不掉队；对于我们而言，已到秋招末期，用人单位进校数量断崖式下降。这个时候要转变策略，从大规模的双选会转向精准推荐。积极主动对接需要补录的岗位，短平快地定向推荐毕业生。同时考研结束，我们要开始为本科生求职暖场。

2月，第二个调整点：offer 回流就业市场，做"加法"。

这个阶段学生精英群体手中多余的 offer 重新回流就业市场，窗口期很短，机会稍纵即逝。同学们看到机会，能加就加；对于我们而言，继续精准推荐策略不放松，畅通渠道，抓住更多短平快的补录岗位。

2月—5月，冲刺期。春招高峰期，本科生主战场，研究生不躺平。

这个阶段是春招高峰期，是本科生求职主战场。对于本科生而言，要抓住最后的窗口期；对于研究生而言，大部分精英群体已经落实，这个时候是逆风翻盘的好时机，不能躺平。对于老师们而言，春招短平快，更多组织线下双选会，契合用人单位和毕业生双方需求，直接面试，效率更高；同时，春招主体是本科生，本科生特点是求职能力较弱，我们需要挖掘更多本科生专项岗位，开展精准推荐工作，点对点精准发力。

5月，第三个调整点：校招基本结束，尽早作出选择。

这个阶段老师们要督促还没有落实工作的毕业生，进一步降低求职期望，尽早作出选择。

6月—7月，磨合期。岗前实习，正视落差。

这个阶段同学们已经顶岗实习或入职培训，老师们需要帮助同学们正视落差。

8 月—9 月，稳定期。脚踏实地，仰望星空。

这个阶段同学们已经开启职场旅程，脚踏实地，仰望星空。

以上是校招的时间与节奏规律，但它并不是一成不变的，会随着市场变化而调整，有时候会提前，有时候也会滞后，有时候会节奏紊乱。老师们只有掌握了基本时间与节奏规律，才能随着市场变化作出相应策略的调整，以不变应万变，不被市场牵着鼻子走，而是主动迎击，做校招节奏与策略的掌舵手和操盘手。

第 22 条

厚积薄发并常学常新，做学生职业发展的摆渡人

就业市场瞬息万变，作为从事一线就业市场工作的老师们，我们需要对就业市场有很强的敏锐度，有敏锐度才能感知到就业市场变化，才能作出正确的研判，并科学地进行策略调整。这个敏锐度不仅是从事就业市场工作的必备技能，也是同学们最希望从我们这里获取的必备知识。因为我们是离就业市场最近的老师，而对就业市场和职业发展的全面认知，是同学们最缺乏也是最渴望了解的。要补齐同学们职业发展认知这块"短板"，从事一线就业市场工作的老师们是不可或缺的力量。这就需要老师们既要厚积薄发，又要常学常新。这看上去非常难，但其实都可以从最基础的日常工作中汲取知识和能量，老师们可以从以下几个方面发力。

从宣讲会认识行业与企业：100 家以上"小有成就"

我们很多老师都是从校门到校门，对行业和企业并不是特别

077

了解，但从事就业市场工作，认识行业与企业是必修课，而且还要"得高分"。高分秘诀其实就缘于我们的日常工作，那就是听宣讲会。宣讲会都是浓缩的精华，其中有关于行业和企业的一切，企业文化、产业链、行业地位、福利待遇、发展路径等，如果是线下宣讲会的话，"料"会更多，也会有同学们特别关心的各种问题，比如能否落户、笔面试内容等，特别建议"新上岗"的老师们去听听，一届秋招能听下来一小部分基本就入门了，如果能听个 100 家以上就"小有成就"了。同行业间各个单位之间的区别（产业定位、薪酬福利、发展路径等）基本都能了如指掌，被同学们问起是选 A 单位还是 B 单位的时候，回答也会有理有据。但是，秋招高峰期去听宣讲会有点不现实，根本忙不过来。有两个比较好的解决办法，一是让盯宣讲会的学生助理帮忙整理宣讲会纪要，通过看纪要来学宣讲会干货；二是在国聘平台上看历年的空中宣讲会视频，像刷剧一样看。不只是宣讲会可以为我们所用，双选会同样也可以，我们可以现场旁听 HR 面试，看看他们都会问哪些问题，同学们都怎么回答。听过几场之后，我们会发现特别神奇的一件事，问题大同小异，不同行业和企业的观测点是不同的。知道这些，老师们就可以有针对性地指导同学们面试和准备简历了。

从招聘信息认识岗位胜任力要求：1000 条以上"胸有成竹"

宣讲会能够让我们对行业和企业有宏观认识，微观层面的岗位怎么办？我们最熟悉但又经常忽视的招聘信息其实蕴藏着巨大的财富。招聘信息里有整个校招流程的安排，我们能够看清这家用人单位的校招节奏和形式，可以帮助同学们见招拆招。招聘信息里还有岗位要求，工作职责和任职条件都是人力资源部门和业务部门多年来锤炼的精华，从中我们能够看清这个岗位的胜任力要求，可以帮助同学们有针对性地准备面试。

案例：央企500强，北京西城，固收投资助理岗

工作职责：(1)按照研究需求，协助撰写个券研究分析报告；(2)按照投资需求，整理一级发行、二级成交数据；(3)按照投资需求，整理市场卖方观点分析；(4)完成领导交办的事务性工作

任职要求：(1)财经类、理工类（计算机、数学、物理、化学等专业），硕士及以上；有相关买方、卖方投研实习经历者优先；取得CFA、CPA、ACCA、FRM等资格者优先；(2)具有良好的数理分析、逻辑判断，具备优秀的研究能力，曾发表高水平学术论文者优先；(3)热爱投资工作，具有高度的责任意识、工作积极性和快速学习能力，勤奋踏实好学，做事细致严谨；(4)具有良好的沟通协调能力、团队合作能力、抗压能力和创新意识。

案例是一个特别普通的招聘信息，字数不多，但是该说的都说了。从这个招聘信息我们知道了固收投资助理岗主要做什么——整理数据、做分析、写报告，还有一些事务性工作；胜任力模型是什么——专业有要求，相关实习经历有要求，从业证书有要求，研究能力要强，数据分析能力要强，这是硬实力；工作积极、善于学习、踏实认真、团队协作、抗压等，这是软实力。除了这些，通过这个短短的招聘信息还能得到什么信息呢？

1. 未雨绸缪，做职业规划和能力储备。

当一名低年级的同学问我们："老师，我想去券商研究类的岗位，我要准备些什么？"我们就可以告诉他，硬实力方面你要有相关实习经验，CPA、CFA 等证书还是比较重要的，你要培养自己的研究能力和数据分析能力，有论文发表也是加分项等；软实力方面你要具备快速学习的能力，还要懂得团队协作，做事要靠谱，要经得起挫折。这些能力怎么锻炼呢？你可以加入学生社团。

2. 挖掘优势，做求职主线与方向分析。

当一名正在求职的毕业生问我们："老师，这是我的简历，您能帮我看看，我投哪些岗位有优势吗？"我们可以告诉他，你实习都是偏研究方向，从业证书也不错，研究能力也强，也有论文发表，可以考虑一下券商固收投资岗位。

3. 定点突破，做简历和面试专项辅导

"老师，我明天要面一个券商的固收投资岗，我该怎么准备呢？"我们可以告诉他，突出你的研究能力，相关实习和论文发表要详细说，这是你的优势，看重数据分析能力，简历里面把你会用的分析软件和模型都写上；软实力方面，单位比较看重快速学习能力和工作靠谱，想几个这方面的案例，问到的时候用案例回答等。

这就是短短几百字招聘信息爆发出来的能量，但要把这个能量用好，只看一两条肯定不够，看到 1000 条以上我们会发现同行业间胜任力的相同点，也会发现同一岗位不同企业有差异的侧重点，这个时候我们基本就能洞察招聘信息里面的玄机了。

从校企交流掌握市场走向：50 家以上"别有洞天"

宣讲会、双选会、招聘信息可以算是厚积薄发，奠定了我们的业务基础；而校企交流就是"常学常新"，能够让我们洞察就业市场变化和走向。怎么做呢？两个字——"聊 + 看"。所谓"聊"，就是质性访谈，用人单位进校招聘，千万别寒暄几句就放他们走，要坐下来好好聊一聊。聊一聊他们今年的需求怎么样，聊一聊笔面试有没有新花样，聊一聊他们在胜任力要求上有没有新侧重点等。所谓"看"，就是实地走访，耳听为虚眼见为实，走访的过程就是我们对宣讲会和 HR 们所述内容的"再确定"，也是帮我们的同学们完成"探店"的任务。当我们"聊 + 看"积累到 50 家这样一个规模的时候，我们的知识储备和敏锐度会再上一个台阶。老师们就能在别人后知后觉的时候，自己发现其中的别有洞天。

当我们厚积薄发并常学常新的时候，我们就有了做学生职业发展引路人和摆渡人的基础。在就业市场一线待久了，老师们会发现同学们找工作最大的问题就是职业发展主线不清晰、求职定位不清晰。用秋招最黄金的 3 个月去试错，经历无数失败之后才知道我适合什么、我能投什么，我是精英群体、中间群体还是困难群体。这个问题怎么解决？需要一批批有经验的老师们，充当同学们的引路人和摆渡人，看了同学们的简历告诉同学们，你的优势在哪里，哪些岗位比较适合你，你是精英群体、中间群体还是困难群体。

案例：胡老师是某单位人力资源部门负责人，十年以上面试经验，社招和校招每年要面试上千人，他也是某高校的职业发展导师，找他咨询的同学都挤破了头，同学们经常开玩笑说，找胡老师咨询就是找他"看相"，他看过简历和我们聊一聊，就能告诉我们可以投哪些岗位，哪个单位层级（是头部、腰部，还是尾部），根据胡老师的方向我们就能安排自己求职的策略，很多师兄师姐都反馈特别有参考价值。方向明确了就能少走很多弯路，提高效率也增加成功率。胡老师自己说，他给同学们提的建议都是基于自己的从业经验和对同学们的认知。他本身是学心理学出身，又在行业内积累了很多年，对行业和同学们的诉求都很了解。

很多老师从业经验和专业背景很难和胡老师相提并论，但是经过多年的积累和思考，我们同样可以给同学们很多科学的建议，也许我们做不到帮助同学们明确自己是精英群体、中间群体还是困难群体，但是通过我们的积累，我们可以帮助同学们挖掘自身优势，告诉他们在哪个行业、哪类岗位上具备优势，也可以告诉他们怎样在秋招中动态调整自己的求职策略，同学们同样也能少走弯路，尽早找到自己的职业主线和求职定位。

厚积薄发、常学常新，从日常工作中汲取力量，时刻以积极心态迎接挑战和变化，老师们一定会成长为同学们职业发展道路上的摆渡人。

第23条

就业市场是加速器，能力素质全面提速

如果说就业管理是根基，就业市场则是加速器，能够让我们加速成长起来。就业市场工作能给我们很多的成长点。对内能办大事，对外能促合作，事务工作能锤炼管理水平，业务工作能厚积专业能力。平台和机会都有了，关键看我们能不能发现并牢牢抓住这些成长点，让自己狠狠成长。

成长点一：积攒"办大事"的本领

宣讲会和双选会虽然是常规工作，但这个常规并不普通，它是真正意义上的大型活动，一场200家用人单位参加的双选会是个庞杂的大工程。从前期的宣传、招展，到现场的组织、应对，再到后期的跟踪、回访等，需要负责就业市场的老师带领一个学生团队去仔细抠每一项工作，从整体谋划到具体细节，还要把控好每一个可能出现的安全隐患。每一场宣讲会和双选会，都是在积攒我们"办大事"的本领。所以，老师们要用好这个平台去磨炼自己的组织能力、团队能力、危机处理能力。

成长点二：强化"做成事"的能力

就业市场工作中最常见的用词就是开拓。开拓就要破局，要把工作从 0 推到 1。从 0 到 1 的过程就是在锤炼我们"做成事"的能力。而就业市场这份工作，要做事，就得做成事，这就逼着我们不停地强化自我。我们要开源拓岗，就要在校企对接会上舌战群儒，"跑会"跑多了，嘴皮子就练出来了，嘴皮子是我们"做成事"的第一关；我们要推动校企合作，就要找门道、写方案，碰壁碰多了，脸皮磨厚了，敢闯敢拼不怕失败，这是第二关；方案写多了，笔杆子也练出来了，这是第三关；岗位来了我们要推落地，就要上下协调、狠抓落实，习惯了盯到底，执行力也练出来了，这是第四关。关关难，但关关都要过，不知不觉就把"做成事"培养成了自己的做事习惯。

成长点三：补齐"专业化"的短板

一线就业指导工作中，同学们最缺的是什么？对外部职业世界的认知，做不好职业规划，摸不清职业主线，这是同学们的短板，同时也是从事就业指导老师们的短板，很多老师也是从校门到校门，而在就业市场一线的我们，有得天独厚的条件可以补齐这块短板，并完全可以把短板发展成我们的比较优势，让我们成为就业指导团队中不可替代的力量。怎么补齐呢？之前已经和大家分享过，知识和力量源自我们的日常工作，厚积薄发并常学常新。从事就业市场工作的老师们，最容易在就业工作专业化道路上走得广、走得远、走得深。

案例：李老师是就业市场工作的老兵，爱总结、爱思考，为了指导同学们求职，他开设了自己的公众号，主要写校招节奏和策略、求职方法和技巧，他的课程和团体咨询与其他老师们风格不同，有自己的特色，偏职业发展，更注重于帮同学们解决实际问题，深受同学们的喜爱。经过多年的积累，他出版了专著，发表了很多文章，成了就业圈内老师们非常认可的专家。

就业市场这份工作带给我们的成长远远不止以上三个，更多的需要我们自己去感受。就业市场这个平台足够大，能提供给我们的机会足够多，只要我们努力学习、勤于思考、善于总结，就会激活这台加速器，如坐上火箭般全面提升能力素质。

第三部分

就业指导——学而不厌，诲人不倦

第 24 条

一场覆盖全学涯的备考，不遗余力、静待花开

作为"新上岗"从事就业指导工作的老师们，我们上手工作要比其他岗位的老师们门槛高很多，其他就业岗位的老师有大量的事务工作，可以边干边积累。而我们不仅要边学边干，还要先学后干。不少就业指导的老师都是边培训边做事，边啃书边干活。就业指导工作门槛高，成长期长，这会不会影响我们开展工作？老师们不用过分担心，这么多年的沉淀，就业指导师资培训体系已经非常成熟，不像就业管理和就业市场等其他岗位，老师们需要自己思考、自己凝练。就业指导工作已经形成非常成熟的体系和理论，并衍生出不少非常专业的第三方机构，只要我们愿意学习，进修资源非常丰富。

第三方机构足够多，学习资源丰富，专业化的进修之路只能靠老师们平时自己下功夫了。那么，一线就业指导工作又是怎样的呢？它是一个覆盖同学们全学涯的大工程，有低年级的必修课和选修课，有毕业班求职能力提升的专项指导活动，有求职心理调适，也有求职礼仪和妆容等。十八般武艺，老师们不可能样样

精通。因此，一线工作中我们的定位和角色更多是"总规划师"，将校内和校外、第三方机构等优质资源整合好，为我们所用，助力同学们成长。作为总规划师，我们要考虑的业务点有哪些呢？

端口前移，赢在未雨绸缪

低年级同学往往是我们一线就业指导工作中比较薄弱的环节。其实，低年级群体的生涯规划与职业发展教育工作是整个就业指导体系的根基。根基扎实了，同学们生涯规划和职业主线清晰了，原本会出现在就业端的疑难杂症，在培养端就提前解决了。因此，这些年各个高校都在不停地端口前移，在人才培养端持续发力。作为一线就业指导老师，我们要关注生涯规划和职业认知这两个点。生涯规划帮同学们认识自我，养成科学规划的好习惯；职业认知帮同学们挖掘职业主线，根据未来求职需求提前储备职业能力。通俗一点说，低年级的同学能够尽早认识外部职业世界，有相对明确的职业发展目标，有科学规划的意识和习惯，知道自己要达到未来的职业目标，大一需要做什么，每个年级需要做什么，学习成绩要达到怎样的水平，在校园生活中要重点培养自己哪些方面的能力等。生涯规划第一课堂的全覆盖很关键，教研组的老师们要想方设法整合校内外精锐力量，授课队伍要稳定，课程内容要常学常新，老师们不能只当教学秘书，也要走上讲台，这是我们走向专业化的第一步。职业认知只靠生涯规划课堂内"探索外部职场世界"这几章是远远不够的，第二课堂的指导活动要给予充分补充，职业分享、团体辅导、企业开放日等成体系的指导活动，才能充分激发知行合一的效能。以生涯规划和职业认知为发力点，帮助低年级的同学们未雨绸缪、赢在日常，核心竞争力强，未来求职竞争力一定强。

知己知彼，赢在临门一脚

毕业生群体的就业工作是我们日常工作的重点，也是最强的发力点，第一课堂的就业指导课和第二课堂的就业指导活动都比较成熟。在一线工作中，我们要重点抓住两个业务点。一是要指导类别全覆盖，要覆盖毕业生求职全过程，简历修改、网申技巧、面试技巧、无领导小组讨论演练、形象礼仪、心理调适、策略应对等，还要覆盖不同行业类别，公务员笔试与面试、央企国企、军队文职等，普适性指导要做到全覆盖，为同学们提供全面支持。二是要契合校招节奏，前面和大家分享过，校招每个环节环环相扣，一步掉队步步错，我们的指导活动要紧跟着校招节奏，还要稍微早一步，校招还没启动，我们就要开始准备简历修改；校招启动后，我们就要开始准备网申技巧；网申阶段，我们就要开始准备笔面试辅导等，不少指导活动不是内容不好，而是节奏不对，开始集中面试了再去讲网申，错过了就很难再追。临门一脚，要知己知彼，用人单位考察什么我们就强化什么；更要抓准时机，当前阶段考察什么我们就指导什么。

定点突破，赢在精准发力

一线就业指导工作需要点面结合，"面"就是我们之前说的普适性全覆盖，而"点"就是个性化定点突破。我们都知道求职

是个性化极强的事，每个同学的情况都不一样，必然需要个性化
指导。而一线就业指导中的定点突破同样也是要抓住两个业务点：
一是分群体，特殊群体、就业困难群体就是我们就业指导工作的
重中之重。二是分类别，普适性指导能解决同学们共性问题，各
个类别的个性化问题怎么办？团体辅导、个体咨询来解决，不同
类别的工作室是个很好的工作抓手，有专治生涯困惑问题的，有
专治职业选择问题的，有专治职场心理调适问题的。专项问题专
项解决，精准发力。

　　案例：某高校洪老师在学校成立了少数民族学生生涯工作室，
邀请企业资源进入，以学生社团的形式开展各类特色活动，从入
学到毕业，全方位、多角度陪伴少数民族同学的学业、就业，组
织学习兴趣班、朋辈辅导沙龙、企业走访、模拟校招等活动，深
受同学们的青睐，并获评市级工作室。

　　除了以上我们要重点关注的业务点，在一线就业指导工作中，
有几个关键公式也是我们的重要武器。
校内队伍＋校外队伍；
第一课堂＋第二课堂；
端口前移＋临门一脚。
　　"端口前移＋临门一脚"和"第一课堂＋第二课堂"前面已经
详细介绍过了，这里简单说两句，这两个公式主要是提醒我们，
就业指导不只是单纯的就业指导，就业工作的核心是人才培养，
就业工作反馈人才培养最直接的路径就是就业指导，我们要时刻
谨记"就业工作是人才培养工作"的内核属性，把社会需求往第

一课堂推，端口前移往人才培养端推。

"校内队伍 + 校外队伍"：一线就业指导工作关键靠队伍，没有专业化的队伍一切都是无本之木、无源之水。因此，老师们要不遗余力，协同校院两级，全力打造出一支校内专业化指导团队，这支队伍是我们就业指导工作的根基。另外，还要依托第三方机构、校友资源和就业市场资源，组建一支从业经验丰富且有崇高教育情怀的校外专家团队，这支队伍是我们校内队伍的最强后援团。

"三个业务点 + 三组关键公式"基本涵盖了一线就业指导工作的主要业务逻辑。一线就业指导工作，对于同学们，是一场覆盖全学涯的备考；对于老师们，同样是一场覆盖全生涯的备考；教学相长，我们不遗余力，一起静待花开。

第25条

队伍建设是灵魂，千方百计打造专业化团队

第一课堂的课程、第二课堂的指导活动都是由指导团队老师们发起的，指导团队是一线就业指导工作的灵魂，老师们的专业化水平决定着学校整体就业指导工作的质量。作为学校就业指导工作的"总规划师"，我们不能只停留在"做事"，而是要以"做事"为平台去培养人。指导团队老师们的专业化程度越高，我们对同学们高质量就业的支持力度就会越大。搭建校外指导团队主要需要我们整合多方资源，挖来好专家，而队伍建设的核心就在于培养专业化的校内指导队伍。

案例：某高校每年秋招前都会组织"简历修改"活动，与众不同的是这个活动能做到所有求职同学们全覆盖，几千人的简历修改总量完全由校内指导老师完成，难度还是非常大的。这主要得益于他们在校院两级建成了一支非常成熟的就业指导团队。建成这支团队经过近5年的积淀，以生涯规划和就业指导教研组为雏形，不断邀请老师们加入其中，先通过专项培训夯实老师们专

业基础，再以简历修改、面试辅导等指导活动帮助老师们积攒实战经验，同时鼓励有条件的老师们分类别成立自己的工作室，日常开展团体辅导和个体咨询活动，老师们边学边练，边练边积累，这支就业指导队伍也逐渐从青涩走向成熟，指导水平也越来越强。

从上面的成功案例我们能够看到，建立一支成熟的校内就业指导团队，我们要抓住三个关键点。

第一，做好专业培训。 生涯规划与就业指导体系已经非常完善，第三方机构相关课程和专项培训也非常丰富，这些是我们从事就业指导工作的理论基础。必要的专业化培训很关键，不仅能夯实基础，也能为老师们的专业化之路打开一扇窗，有窗就有希望，有希望才有动力，有动力才会有成长。除了理论基础培训之外，建议邀请校外人力资源专家增加毕业生职业发展相关的专项培训，告诉老师们用人单位胜任力模型是什么，他们看重哪些能力和素质，校园招聘标准和流程是什么，面试侧重点又是什么，以用人单位视角帮助老师们更加全面、深入地认识毕业生求职和职业发展。

第二，搭好实战平台。 理想是丰满的，现实是骨感的。不少一线就业指导老师们都很头疼，学校花大力做队伍专业化培训，但是效果并不理想。就业指导必须知行合一，不能只有理论，必须实践、实战。校级层面，我们一定要做好知行合一的无缝对接，给专业培训完的老师们搭建实践实战平台，推动老师们加入教研组，早日站上三尺讲台；推动老师们参加简历、面试指导活动，用实战积累经验；推动老师们加入工作室，逐步接待毕业生个体咨询。就业指导专业化水平都是在边学边练、边练边学中慢慢积累起来的。

第三，建好人才梯队。指导团队粗具规模后，我们需要做好内部梯队建设，一方面吸引更多新老师加入，形成"老带新"的规模效应。不限于学院辅导员老师，动员可以动员的一切力量，以往也有转岗到学校其他机关的老师们继续参与就业指导的先例。另一方面推动有经验的老师们以工作室为载体，细分方向开展专项研究，开启适合自己的专业化道路，给新加入的老师们形成示范效应。

校内就业指导队伍建设是个长期工程，但意义重大。只要我们有决心、找资源、给平台，当整个队伍运转起来的时候，就会获得案例中的成绩，迸发出强大的力量。

第 26 条

善用第三方资源，让最适合的成为我们的左膀右臂

一线就业指导工作中，我们会接触到非常多的第三方机构。"刚上手"的老师们会有点蒙，比较容易走极端，要么就一个不用，要么就所有都用。不少第三方机构还是有料的，老师们需要掌握好平衡，取其精华去其糟粕，善用第三方资源，把最适合我们的拉进来，补充我们的就业指导体系。

市面上主流的第三方资源有两大类，一类是帮助老师们做师资培训的第三方机构；另一类是帮助同学们做求职指导的第三方机构。帮助我们做师资培训第三方机构相对比较固定，不少机构业务量已经占了半壁江山，老师们一定会接触到；另一类做求职指导的第三方机构，智联、猎聘也有相关业务，但大部分都是用人单位 HR 跳出来创业或者兼职去做，数量较多。第三方机构是一线就业指导老师们迈不过的坎儿，我们注定要和它们相爱相杀。怎么善用，至关重要。

案例：张老师所在的就业中心活多人少，从事一线就业指导

工作的就2人，其中1人是刚入职的新人。仅靠他们2人难以支撑如此大的课程和指导活动。考虑到现实情况，张老师决定自己做课程，把所有的就业指导活动都委托给第三方机构。第一年张老师感受到前所未有的轻松，第二年问题开始慢慢暴露出来了，有同学反映指导活动指导性不强等，张老师果断换了第三方机构，问题还是没有得到彻底解决。第三年张老师痛定思痛，不能再全委托出去被拿捏了。自己校内团队可以做的还是校内团队来接，行业导向很强的交给业界的第三方机构来做，效果立竿见影，问题数量立马降下来了。

不少高校一线就业指导老师，其实都走过张老师的弯路，善用第三方资源，一定要抓好两个平衡。

校内团队与第三方机构任务平衡。完全依靠第三方机构短时期内会非常舒服，但长远来看对自身校内团队的培养是致命的伤害。就业指导是经验活，没有大量的指导活动刷经验，是无法培养出高水平的校内指导老师的，校内指导老师是我们就业指导工作的灵魂，我们不能舍本逐末。那个平衡点是什么？课程建议牢牢抓在自己手里，涉及行业认知的部分可以邀请业界头部企业人力资源部门老师或者校友来讲，也可以组织同学们实地走访。指导活动部分，简历修改、网申、无领导小组讨论这些校内老师可以胜任的，完全可以交给老师们，老师们没有行业倾向性，这些环节反而会有优势。

第三方机构之间分工平衡。第三方机构各有优势，我们要了解它们的优势，平衡好第三方机构的分工。有些第三方机构团队成员多是人力资源出身，适合做不带行业倾向、普适性的就业指导；有些第三方机构团队成员是业务部门出身，行业倾向性强，适合针对具体行业做个性化的就业指导与咨询。善用第三方机构的强项，平衡好分工，才能激发第三方机构的最大效能。

第 27 条

知己知彼做到位，才能指导到心坎里

一线就业指导老师们都会遇到同样的困惑：为什么活动质量挺高的，同学们就不积极呢？不是宣传不到位，而是他们不需要，或者说这个时间点不需要。因此，我们做就业指导，既要内容对，还要赶上点。怎么才能抓准点呢？我们要到同学们当中做调研，也要走到用人单位实地做调研，两头调研好了，再去设计就业指导活动方案。

案例 1：张老师所在高校每年都有专项招录，为了提升专项招录的成功率，张老师决定做专项招录的校内培训，通知刚发出去，就有同学们来就业中心咨询"是不是强制的，会不会签到，因为他们已经报了机构的课程，特别怕学校强制他们过去，反而耽误时间"。张老师立马开始调研同学们的情况，结果出乎意料，所有同学都报了相关机构课程，问卷中同学们希望学校提供的培训内容基本一致，不做基础培训，只做强化训练和一对一的咨询，核心就是在老师的指导下一对一练习。同学们对第三方合作机构也提出了想法，哪个机构哪些方面比较强，希望多引进几个机构，发挥每个机构的比较优势。

这件事对张老师触动非常大，她是就业指导战线的老兵，她原本以为自己很懂同学们，没想到她其实还不是真懂同学们。之后，张老师每次做就业指导方案的时候，都会做个简单的抽样调查，活动举办期间也会随机找同学们聊聊，看看他们还有哪些需求。

案例 2：2022 年 AI 面试火爆出圈，很多用人单位都采用 AI 面试来代替初面。却杀了同学们一个措手不及，不少同学从没经历过 AI 面试，并不知道该如何应对，成功率并不高。张老师所在高校在 AI 面试还没火起来的时候，就开始针对 AI 面试做就业指导，在其他高校还没开始的时候，他们吸引了一众粉丝。为什么会比其他高校先嗅到这一点呢？得益于张老师以前从事过就业市场工作，他设计指导活动的时候会参考一线人力资源老师们的意见，一位老师之前就和他说，现在不少单位开始做游戏面试和 AI 面试，这个是大趋势，要开始布局。然后张老师就去寻找专业做游戏面试和 AI 面试的第三方机构，请他们来给同学们做就业指导。

张老师的未雨绸缪是在提醒我们，我们就业指导研究的就是用人单位的校招考察模式，我们要时刻跟紧用人单位，它们有新题目，我们就要做调整，重新备考。作为一线就业指导的"总规划师"，我们要做到两个"懂"。

懂用人单位：就业市场瞬息万变，考察方式也新招频出，我们不能与就业市场脱节，需要我们和就业市场的老师们勤沟通，也需要我们和用人单位 HR 们勤交流，提早嗅到考察新招，提早准备，我们越早，我们的同学们准备越充分，竞争力也会越强。

懂同学们：老师们和同学们接触最多，潜意识里面认为自己很懂他们，这个时候往往最容易忽略同学们的真实想法。一线工作中，我们需要不被潜意识支配，时刻告诉自己我们"不够懂同学们"。我们要更多地去调研他们的想法，去摸清他们的状态，看看他们真正需要什么，哪个时间点需要什么。这样，我们既能掌握内容，又能抓准时间节奏。

知己知彼很重要，做到两个"懂"，才能把指导做到心坎儿上。

第 28 条

德才兼备，德字为先，就业指导更要就业育人

　　校招考察的过程中，用人单位一直都有"冰山理论"，也就是要考察求职者的"知识、专业技能、综合能力、个性特征、动机和价值观"，知识和专业技能是冰山浮在水面上的部分，最容易被甄别；综合能力、个性特征、动机和价值观则是冰山水面下的部分，越往下越难被甄别，价值观是最底层的，也是用人单位费劲力气要在校招考察环节挖出来的。这就是为什么用人单位每次进校招聘的时候，都会特意去走访学院就业工作的老师们，并且每次都会说"老师们，有靠谱的孩子一定推荐给我们"。这个"靠谱"就是最底层的价值观，用人单位也都深知仅仅通过几轮面试很难挖掘出来最深层的东西，老师们和同学们朝夕相处，同学们平时的样子才是最真实的表现。与用人单位相反，我们的就业指导则更多关注的是冰山最上面的部分，更多的是教给同学们怎么写简历、怎么网申、怎么面试，都停留在"术"的层面，而对"道"这个层面，也就是对同学们最底层价值观的培育和指导不够。

案例1：某头部用人单位业务部门负责人在一次分享会被同学们问到"校招的标准是什么"，他回答同学们，"德才兼备，德字为先；先看品德是不是靠得住，品行靠不住，专业能力再强也不要，能力越强未来给团队挖的坑越大"。

大部分用人单位选人的标准正如案例所言，"德才兼备，德字为先"，"品德"是具有一票否决权的。因此，我们针对低年级的生涯规划课程和就业指导活动，要往价值观层面挖得再深一点，让同学们知道在大学期间要树立怎样的价值观，要涵养什么样的品德和品行。要充分激发就业指导工作的育人实效。我们一起看一家用人单位的考核标准，就能感受到我们一线就业指导工作的育人方向。

价值观	性格特征
诚实守信、为人正直 有情怀、有担当 渴望成功，进取心强 愿意合作、乐于分享	坚韧不拔、内心执着 积极乐观、抗压力强 勇于探索、勇于创新 服务意识、同理心

能力素质	专业、技能、知识
逻辑思维、问题解决 （洞察本质、有效应对） 沟通能力 （准确表达、倾听互动） 团队配合 （关注他人、有效激励） 组织推动 （目标分解、有效执行） 持续学习 （善于学习、乐于学习）	办公技能 （文字功底、数据分析） 行业知识 （认同、了解、深入） 专业应用 （财务、法律、外语、计算机等） 文体特长 （跑步、音乐、书法等）

案例 2：用人单位组织的全国校企交流会上，进入企业与高校分组研讨的环节，部分企业一线招聘经理分享给老师们他们碰到的一些让他们哭笑不得的案例。一名招聘经理分享道，"同学们的很多小聪明其实我们都知道，真的实在不想拆穿他们，其实坦诚相待真的很重要，大家都能相互理解。见到过简历水分特别大的，也见到过把自己隐藏得特别好的，也见到过撒谎欺骗我们和自己学校老师的。这些其实特别没有必要"。

对于低年级学生群体，我们就业指导工作育人重在塑造和培养；对于毕业生群体，我们就业指导工作育人不仅要塑造，更要修剪。要在我们的指导活动中明确告诉同学们，哪些是红线、底线；要和同学们强调诚实守信，简历不注水；不过度包装、伪装；不要小聪明；要修剪掉同学们求职中长歪了的枝枝叶叶，比如那些会影响到自己未来的小心思、歪心眼等。

一线就业指导工作的老师们，我们不仅要教会同学们求职中的"术"，更要让同学们参悟求职中的"道"。这样，我们的就业指导工作才能培养出真正德才兼备的好苗子。

第29条

简历、笔试指导关键点，掌握指导必备技能

　　一线就业指导工作的老师们，我们的定位是"总规划师"，我们要搭建高水平校内外指导队伍，善用第三方资源，科学规划、合理设计学校整体的就业指导工作，但"总规划师"也是发于士卒，我们也要边学边练，成就他人专业化之路的同时，自己也要领跑在前。生涯规划课程有成形的体系，这里不再过多叙述，老师们做好培训，在讲课中慢慢积累。这里，和老师们分享一些更贴近毕业生求职实际、在日常就业指导工作中最实用的一些必备技能。

简历修改指导：7个关键点让简历自带主角光环

　　日常简历辅导中我们首先要传递给同学们的是两大原则，一是简历绝对不能注水，真实是第一要素，简历上的每句话都经得起推敲；二是简历绝对不是做一份就万年不变，100家单位要投100份不同的简历，要针对行业、企业和岗位作针对性的调整。

投其所好：用人单位看重什么，我们就着重写什么，把他们想要看到的关键点给他们。即使他们看简历的时间只有短短 10 秒，但这 10 秒内他们看到的都是他们看重的，这份简历就出彩了。比如，要投的岗位看重数据分析能力，同学们的实习经历、学术经历都要写清楚，比如在实习写报告的时候可以熟练运用哪些数据分析软件，做论文的时候都建了哪些模型、用了哪些分析方法等。

七十二变：就是我们前面说的原则二，100 家单位投 100 份不同的简历，怎么调整？主要是根据岗位需求调整实习经历、校园经历的写法。比如，市场化机构更看重实习和专业能力，同学们的学生工作和兴趣爱好就可以一笔带过；央企、国企比较看重综合能力，学生工作和兴趣爱好就要正常写，不能一笔带过。

主线清晰：面试官除了看专业能力、综合素质之外，在简历上重点的内容之一就是同学们的职业发展主线和岗位的匹配度如何，职业发展主线清晰、岗位匹配度高则稳定性就强，这些都是决定他们是否给 offer 的关键因素。比如，我们做了很多份实习，不少同学觉得这么多实习不放可惜了，但是在面试官眼中则完全不同，不相关的实习放上去，只能说明求职者职业规划不清晰，任凭同学们再怎么说和岗位很匹配，很喜欢这个岗位，特别想来，面试官也不会相信的。相反，实习经历都围绕这个岗位，职业主线很清晰，不用说面试官也能看得一清二楚。

扬长避短：简历就是要突出同学们的优势，并且让面试官看的。但同学们经历有限，不可能凑齐所有用人单位想要的。那就要学会"扬长避短、拆东补西"。绩点不够，高分的专业课程补上去，至少能说明同学们专业很强；实习经历不够，学生工作和科研项目补上去，关键是证明岗位要的能力素质我都有；实习没有，学生工作和科研项目也能证明。

专业过硬：写实习经历和学术经历要用业界的行话，不能是大白话，更不能是流水账。细节见真章，要用专业思维和专业词语来彰显自己的专业素养。

有理有据：数据给面试官的冲击感最强，学会用数字和案例来说话。

从 0 到 1：写简历不止要写自己做了什么，更要写清楚自己获得了什么，就是要写清楚从 0 到 1 的过程。比如实习经历中要重点写同学们的业绩，也就是收获。不能只写我做了 10 份报告，而是要给自己一个升华，通过 10 份报告我了解 IPO 全过程，深入研究了汽车行业整个产业链情况。把"1"点出来、写清楚。

案例：

1. 实习经历

2018.07- 至今　××公司　×××××× 部

利率研究：每日撰写晨会纪要（累计 50 余份），判断经济基本面和利率走势，提供债市投资建议；

点评报告：每月撰写经济、通胀、进出口、PMI 数据点评等，进行月度宏观预测；

研究报告：撰写 3 万字项目报告《××××××》并参与答辩，搭建房地产、消费、制造业等预测模型，进行 ×××× 等专项研究；

主要业绩：晨会纪要准确、深入、全面，做到"零失误"；点评报告多次获部门主管认可；研究报告获得公司 ××× 奖（前

10%）。

2. 学生工作 / 学术科研

2018.09—2019.09　学院学生会宣讲部　新媒体组核心成员

公众号运营：主要承担 ××× 公众号每日推送工作，负责选材、持续关注和跟踪热点话题并策划原创相关内容，编辑、美工、日常维护等。累计推送达 200 余篇，其中参与原创推送 15 篇，1 万 + 以上阅读量 5 篇。

活动策划组织：负责线下活动的推广和组织，成功举办 ××× 等大型活动 7 次，邀请到近 30 位业内前辈参与分享，每次活动参会人数均在 100 人以上。

业绩和收获：负责公众号运营期间，用户关注量增加 10 倍，突破 3000 人；熟练掌握新媒体文案从策划、组稿、编辑、美工全过程，原创 1 万 + 阅读量推文 5 篇；熟悉 200+ 以上大型活动策划、实施全过程，能掌握节奏和关键点。

3. 荣誉证书 / 技能证书

技能证书：略

常用软件：熟练掌握 Office、Matlab、Stata、Python 等

数据库：熟练使用 Bloomberg、Wind、CSMAR、RESSET、CEIC

职业认证：CPA（财务管理科目）、CFA 一级、证券从业资格证

英语：CET-6：574

雅思：7.0

4. 荣誉奖励

德育类：优秀毕业生（省级，前 3%）、三好学生、优秀团员、

优秀学生干部（校级，各 1 次，前 15%）

实践类：社会实践优秀成果奖（省级）、社会实践三等奖（校级）、社会实践优秀个人（校级）、多次大型活动志愿

奖学金类：全面发展一等奖学金（校级 2 次，前 10%）、社会实践优秀奖学金、美誉素养奖学金、组织管理能力优秀奖学金

网申／笔试指导：抓住开放性问题和行测这个牛鼻子

在校招节奏中和老师们分享过，网申最熬人的部分是开放性问题，而笔试内容往往是行政职业能力测试、专业知识、英语和心理测试。一线指导毕业生过程中，网申和笔试有哪些点我们要传递给同学们呢？

网申：我们要告诉同学们，开放性问题一定要提前准备好答案，每次都重新写不仅效率低，成功率也低。网申的开放式问题主要有以下几类。

（1）成就／失败事件；请描述一下大学期间你认为最成功／最失败的事情。

（2）自我评价；说一说你的优点和缺点，说一说你的兴趣和爱好。

（3）职业规划；你为什么选择我们公司呢，未来 3 年到 5 年的规划是什么。

（4）攻坚克难；说说曾经遇到过最困难的事情，并详细说说你是怎么解决的。

答好网申的开放式问题可以用一句话概括："有逻辑、有主线

地去讲那些说明我们与岗位高度匹配的故事"。核心就是两个维度：一是要投其所好，岗位需要什么样的能力素质，回答问题的重点就放在怎么把我们身上所拥有的同时也是岗位所需要的能力素质展示得淋漓尽致；二是要逻辑清晰地讲故事、讲案例，有清晰的主线，再跟着主线逻辑层层推进。

案例：

问题一：为什么选择这个行业 / 岗位？

考察点：考察同学们对行业 / 岗位认识，同学们和行业 / 岗位的匹配度以及对自己未来的职业规划，并通过以上 3 点来综合评价同学们的稳定性。对行业认识透彻，不是一拍脑袋就来的，自身又很适合，同时职业规划很合理、很清晰，这样的同学稳定性高，自然会加分。

主线逻辑：了解行业 / 岗位—匹配行业 / 岗位—未来扎根行业 / 岗位，逻辑清晰、层层递进、环环相扣。

回答案例：

行业发展：我曾在 ×× 公司实习，因项目需要做过关于 ×× 行业的研究报告，对行业 / 岗位比较了解（用案例 / 故事增加真实性）。××× 背景下，企业对 ×× 业务的需求会日益旺盛，行业 / 岗位会迎来一段高速发展期（用时事、企业动态及专业词汇来肯定行业 / 岗位未来发展）。这一契机给从业者创造更多的机遇和平台，我希望能够贡献力量，同时在磨炼中不断成长（表明自己的态度，既为行业 / 岗位创造价值，又表明不断成长、积累资源）。

高度匹配：我就读于 ×× 大学 ×× 专业，系统的专业学习让我具备行业 / 岗位所需专业素养（首先表明专业对口）。我有

2段行业/岗位相关实习经历，为××公司××岗和××公司××岗，2段实习共参与6个项目，主要负责×××方面工作，熟悉××全过程（相关实习经历，数据＋职责＋业绩。专业、证书、知识、实习等讲述硬件要求方面的匹配）。

行业/岗位非常看重数据处理和研究分析能力，分析数据、寻找规律是我的兴趣点，偏静的性格让我更适合研究（讲完硬件匹配开始讲软件匹配——兴趣性格）。备战数学建模竞赛对很多人来讲是一段痛苦的经历，而对我而言却相当美妙。为了建模我和团队成员曾连续奋战××个小时，从陷入困难到突破重围，每一次从数据背后探寻到规律都让我无比兴奋而忘记疲劳，最终我们获得比赛××等奖，最重要的是让我发现了我对数据和研究的热爱（把备战比赛的故事拼在这里，生动、真实地说明自己与岗位相匹配的兴趣性格，讲故事着重解决问题的过程）。

未来规划：从事行业/岗位是我职业发展的主线，专业学习、实习经历也一直围绕它而准备（点出自己职业发展主线）。如有幸进入行业/岗位发展，我会根据行业/岗位需要，夯实基础、不断积累项目经验，2到3年快速成长为业务成熟的从业人员。再结合公司需要和个人优势，深挖、细化，力争5年成为领域专家（点出3到5年，先成熟再专业化的职业发展路径）。

问题二：谈谈你的缺点？

考察点：考察同学们的自我认知，考察同学们弥补缺点的能力，考察同学们是否真诚。

主线逻辑：了解缺点—正视缺点—弥补缺点—成为"优点"

敲黑板：不要把岗位需要的核心能力当成缺点写出来，也最好不要用"面经"里用烂了的"喜欢追求细节 / 完美导致项目 / 作业影响进度等"。

回答案例:

我的缺点是资历较浅,相关经验不是很丰富,还需要继续学习、历练(直接点出缺点,表明自己了解缺点)。在 ×× 公司 ×× 岗实习过程中我深刻认识到自己的缺点和不足。实习过程中,我主要负责 ×× 方面的业务,初入项目我希望有所成就,自己加班加点、四处沟通想加快推动项目进程,自己很累效果却不好。主管领导帮我复盘了整个过程,他告诉我成事需要天时地利人和,要懂得找准节奏、分析形势,空有一腔热血和一身蛮力是不够的,要把劲使在刀刃上(通过讲故事,生动重现自己正视缺点的全过程,还附加说了自己的实习经历)。

从那之后,我每次着急的时候都告诫自己先别蛮干,而是强迫自己去思考,天时地利人和都在哪?怎么凑齐?凑齐之后怎么高效推进(点明弥补缺点的过程)?不知不觉养成了自己凡事多请教、先思考再行动的习惯(缺点成为"优点")。

笔试:我们需要告诉同学们行政职业能力测试很重要,不少同学有误区,觉得我不考公务员可以不用准备行测。其实,大部分央企、国企的笔试都有行测内容。不管求职目标是什么,行测是避不开的,该准备一定要准备,千万不能抱有侥幸心理。

笔试没有捷径而言,只能靠刷题和练习。我们需要告诉同学们千万不要大意,每年都有太多的同学折在了笔试上。

简历、网申 / 笔试指导是一线就业指导工作中的必备技能,也是使用频率最高的技能,简历、网申和笔试是同学们求职的第一关,也是最难的一关,要从千军万马中杀出来着实不易,老师们要尽最大努力帮助同学们脱颖而出，第一关迈过了，后面就会越来越顺。教学相长，指导同学们的同时，老师们的必备技能也会愈加熟练，地基就越牢固，老师们指导同学们求职的能力也会越来越强。

第 30 条

面试指导关键点，边练边复盘，"面霸"必经之路

"面经"的门派众多，各个行业、各个企业的侧重点又不同，一线就业指导老师很难做到样样精通。并且套"面经"不可取，面试官都是老江湖，谁是"面经"堆里泡出来的一眼就能看穿。我们要推动同学们在实战中找到适合自己的"面经"，面试指导的意义在于让同学们不犯错，通过老师们的指导让同学们圆满完成必答题，加分题由同学们自己在实战中去领悟。

在指导毕业生面试的时候，我们要传递给同学们三个基本点。一是学会换位思考，想清楚面试官的问题要问什么，这样才能答对点。比如，面试官问同学们"有男 / 女朋友吗"，背后的潜台词是想看看同学们的稳定性如何。二是核心是表现自己与岗位有多合适，而不是全力去表现自己有多优秀。合适最重要，太优秀不一定就合适，反而会被质疑会不会"拿用人单位当备选"。三是面完一定要复盘，只有复盘才能提高。大部分同学都是面完就面完了，只有一小部分同学会分析自己哪里面试得不好，应该如何提高，也只有这一小部分同学最后成长为"offer 收割机"。

三个基本点传递给同学们之后，接下来我们面试指导的任务就是帮同学们完成必答题。必答题都有哪些呢？

单面：从面试官使用的面试方法来看，常见的单面方法主要分为结构化面试、非结构化面试、情境面试、行为面试等。

结构化面试：它最大的特征是标准化，从面试题目、组织形式、评分细则等各个环节都是相对统一且标准化的，一般来讲，同一岗位面试者的题目相同、时间相同、程序相同。说得通俗一点就是，用同一把"尺子"去量所有人，这把"尺子"主要是测量这个岗位所需要的关键素质或能力，或者换个角度用排它法，这个岗位不喜欢的人都有哪些特点，排除不喜欢的人。用同一把"尺子"量出适合的人，这就是结构化面试的核心。

非结构化面试：它与结构化面试相对，最大的特征是相对自由灵活，没有固定的问题和套路，更多的是基于面试官的经验和判断，由面试官掌控面试的全过程，有时候看似聊天式的唠家常，其实已经在考察同学们了。当然，问题一定不是天马行空，考察点肯定还是跑不出岗位所需的胜任力。

情境面试：面试官会给一个模拟的工作场景，让同学们根据特定的情境来处理实际问题。本质来看，它其实还是结构化面试的一种特殊形式。最常见的就是角色扮演，给同学们这个岗位日常工作中的一个场景，让同学们扮演其中一个角色去处理实际问题。比如，核算绩效如何协调、沟通前中后台等各个部门相关意见；遇到特殊客户、特殊问题时如何做特殊处理等。除了依据具体情境和案例进行问题分析外，根据角色和情境不同，还会涉及谈判、辩论，甚至是现场主题演讲。

行为面试：面试官会让同学们描述自己在学习、生活或实习中所经历的一个具体事件，通过对自己行为的描述，来考察是不是和岗位相匹配。换句话来讲，就是通过同学们过去的"故事"，来勾勒同学们未来的"故事"。我们常说的"成就事件"就是行为面试的范畴。当然，面试官的提问会针对性更强，比如，岗位对数据分析能力比较看重，面试官可以直接问，"有没有参加过建模类的比赛或者相关的研究，简要说一下做数据分析的过程"。

从面试题目考察内容来看，可以分为自我认知与发展规划类、个人经历类、行业企业及岗位认知类、专业及业务类、个人愿景类等。

自我认知与发展规划类：主要考察同学们的自我认知，是否能够清晰地认识自己并且理清自己的发展主线，就是向面试官证明我为什么适合这个岗位，用自己的适合来说服面试官选择自己。

个人经历类：主要是针对简历发问，一般问得最多的就是实习经历，所以简历上写的项目经历和专业词汇，一定要真正弄懂、弄透，要不很容易被抓住问蒙。

行业企业及岗位认知类：主要考察对行业、企业及岗位的认知程度，要提前看行研报告、公司官网、业务链条、服务客户、公司及同类竞争公司年报等。

专业及业务类：考察专业知识和业务能力，肯定是和岗位所需的专业知识相关，当然也会涉及一些实习经历。这类题目情境面试的方式比较常见，要多看一些商业案例，对于热点事件和公司业务要有基本了解，最关键的是深挖和吃透业务，不一定能面面俱到、完美无瑕，但一定要能抓住背后的逻辑。

个人愿景类：对公司的期望、对未来工作和生活的期望，比如薪酬待遇、发展路径、未来生活设想等。

群面：被广泛采用的是无领导小组讨论。无领导小组讨论重在掌握基本逻辑之后，通过多种形式的实战来积累经验，遇到盛气凌人的队友该如何带，遇到不爱说话的队伍该如何带，这些都需要在实战中去不断总结和提高。无领导小组基本逻辑主要是以下两方面，方便老师们指导同学们。

从角色开始入门，无领导小组讨论一般有几个主要角色，Leader（团队领导者）、Timer（时间控制者）、Recorder（内容记录者）、总结汇报者、第二领导者。

Leader（团队领导者）：风险最大同时收益也最大的角色，一般也会是破冰者，第一个提出分析问题的主线和讨论框架。要能时刻掌控团队讨论方向、进度和节奏，还要照顾到团队中每一个角色，团结大家共同进步。Leader有风险，担当需谨慎。一旦站出来就要负责到底，带领团队突出重围，但凡团队整体结果不好，责任最大，如果中途领导地位不保，那就更危险。如何当个好领导者？不"暴君"，认真倾听每一个声音；不"迷失"，不过度沉溺于细节，而是跳出来抓住主线拉着大家往前走；不"懒政"，不高高在上，而是默默助力每一个角色都各司其职。

Timer（时间控制者）：掌握团队讨论整体时间安排，不仅需要强烈的时间观念，更需要整体的统筹、规划，形成整体的时间安排，并能够根据具体讨论的进度随时调整各个阶段的讨论时间，拉着整个团队在正确的时间轨道前进。不是手表好就能当Timer，最重要的是有整体规划，还能监督到位，保证规定时间内完成规定任务。如何当个好Timer？"好规划"：每个阶段时间分配合理，发表观点、确定框架、展开讨论、升华结论等，最好可以留出总结陈词的演练时间；"好闹钟"：定期看表，随时提醒每个阶段的时间，遇到浪费时间啰唆者，要敢于打断。

Recorder（内容记录者）：把握内容主线的编剧，需要记录、总结团队成员的观点，保证讨论内容不跑偏，沿着正确的分析框架、逻辑主线层层推进。善于总结是一方面，更重要的是能够把握主线和方向，发现跑偏的苗头，立马拉回来。如何当个好Recorder？"好脑子"：用好表格、序列、关系图等科学的记录方法，逻辑和思路一定清晰，一定不能颠三倒四地胡乱记；"好笔头"：注意力时刻在线，切记不能遗漏重点。

总结汇报者：代表团队"发声"。心理素质要好，公开发言不紧张；语言表达能力要强，不重复、不拖沓，表述准确、干脆；逻辑要清晰，能够将讨论内容归纳总结完整。总结陈词，也是机遇和挑战并存，发挥好一定加分，发挥不好反而会影响成绩。如何做好总结汇报者？"好台风"：表达简洁、干脆，落落大方；"好思路"：一二三点，内容全面，逻辑清晰；"好掌控"：时间一定要控制好，最完美是说完感谢，时间结束。

第二领导者：俗称"二当家"，是 Leader 的最强辅助，能够从中调和大家意见，并且在关键节点能够有效发言，及时为领导者补位。当然，二当家表现好，随时有可能把大当家拍在沙滩上。如何当好二当家？"点子王"：智商随时在线，能够提出有含金量的有效发言；"泥瓦匠"：修补随时在线，协调、润滑各个角色之间的关系，让大家各司其职往前冲。

除了上述主要角色之外，还有几个必挂的角色，老师们要提醒同学们尽量避免，比如"墙头草"和"酱油君"，"墙头草"：一直在跟着别人跑，全程没有自己一点想法，也说话了，但是都不是有效发言；"酱油君"：全程不在线，基本不发言。

通过帮助同学们认识角色, 可以让同学们对无领导小组讨论的套路有一个基本的概念, 至少知道在讨论中我是哪个角色, 其他人是什么角色, 每个角色的职责又是什么。我或者他把这个角色做好了吗? 这基本就算是入门了!

从常见题型逐步进阶: 无领导常见的题型主要分为开放式热点问题、角色扮演资源争夺问题、正反方辩论问题、商业案例分析问题、多项选择问题、手工操作类问题等。

开放式热点问题: 一般和业界热门事件有关, 比如"瑞幸咖啡"事件等, 让同学们提出自己的看法。关于这类问题还是要靠积累和刻意准备, 平常养成关注行业内热点事件的习惯, 多看一些公众号或者 UP 主的分析, 积累更多素材。刻意准备就是需要同学们找一找面试单位之前的无领导题目, 再刻意看看和行业、岗位相关的研究报告, 提前储备一些专业知识点。当遇到这类问题的时候, 快速地回忆自己储备的和题目相关的素材, 把所有相关的素材有逻辑地拼凑起来, 自然就有了基本的解题之法。

角色扮演资源争夺问题: 同样的背景下给每个人赋予不同的角色, 比如一批运行资金下来了, 要分给不同业务部门, 每个人担任一个业务部门的部门负责人, 来讨论资金的分配方案。看起来复杂, 其实其核心还是谈判, 自己争取最大利益的同时保证合作能够顺利进行, 竞争中求共赢。遇到这类问题, 我们一定要提醒同学们想清楚以下几件事。第一, 问题的背景是什么, 有哪些关键信息点能成为谈判的筹码。比如, 公司未来主要发展战略和我们的业务关联度很大, 这些都可以是我们谈判的筹码。第二, 我们的任务目标是什么, 我们的底线在哪里, 明确目标和底线, 就知道要争取什么, 要守住什么。第三, 别人的立场在哪里, 诉求是什么，软肋在哪里，哪些可以发展成朋友，知己知彼才能制定策略，有方法有对策，才能在竞争中求共赢。

正反方辩论问题：考公务员和事业单位经常碰到辩论问题，辩论问题有点像开放性热点问题，要靠平时积累。如果平时逻辑清晰、伶牙俐齿、反应速度快，确实比较占优势。所以我们建议同学们量力而行，不要在相对紧张的状况下，挑战自己不擅长的领域，更建议同学们稳中求胜，充分思考，抓住对方漏洞进行反辩，或者做好记录、整理好论点，争取总结陈词。

商业案例分析问题：这类问题金融机构和外企用得比较多，给同学们一个商业案例，让大家共同讨论出一个方案。应对这类问题要关注以下几点。

第一，提取关键信息点。一定提醒同学们仔细读题，一般来说材料里给的信息点都有用，千万不能遗漏，这些都会是制定方案的依据，同样也是重要考点之一。

第二，坚持目标导向。一定要明确任务是什么，需要解决什么问题，并牢牢抓住这个目标，不断地将任务和问题细化、拆解，这样才能把握方向，否则很容易跑偏。

第三，搭建分析框架。框架是分析问题的核心，也是体现同学们逻辑分析能力最关键的要素，要培养自己遇事先搭框架的思维习惯，一般来讲搭建框架要关注 2 个核心点，是什么和为什么，首先要明确和理解问题（是什么），其次要不断细化、拆分问题（为什么），这一步非常关键，挖得越深、拆得越细，后面方案制定思路就越开阔。同学们平时学的 SWOT 模型、4P 模型等都可以尝试去用，让它们来帮忙搭建分析问题的框架。但是默默地用就可以了，别上来就把模型名字抛出来，很多面试官比较反感这种做法。最牛的不是我们懂这些模型，而是将它们内化成我们的思维习惯。

多项选择问题：给同学们多个选项，让同学们选择或者排序。遇到这类问题首先要制定标准。标准不同，选择和排序自然不同，一定要确定和统一标准。

手工操作类问题：给同学们材料、工具，让同学们一起造东西，造飞机、搭房子等，主要考察动手能力和团队协作能力。遇到这类问题一定要熟悉规则、探明资源，再确定方案、细化分工。

了解了无领导小组的角色分配、题型和解题关键点，基本上就掌握了无领导小组讨论的基本逻辑，指导同学们完成必答题的任务就完成了，下面我们一定要提醒同学们要根据题目进行练习。一切模拟实战，把手机当成面试官，开启摄像功能，对着手机作答；调好计时器，不要漫不经心，一定在规定时间内完成任务。拿出笔和纸，把信息点、分析框架、观点都写出来，不仅练手速，更要养成分析问题的习惯。最后就是"复盘、复盘、复盘"，反复看自己录制的视频，看哪里有问题。不仅要将问题写出来，更要思考问题的答案，将我们认为最全面的答案写出来。

以上是我们一线就业指导工作中最常用的指导技巧，基本上覆盖了同学们简历修改、笔面试辅导相关的核心问题，掌握了这些指导必备的基本技能，我们可以帮助同学们解决很多现实问题。这些基本技能也都是在一线指导工作中慢慢摸索总结的，这些只能完成必答题，而附加题的解法则需要老师们在一线工作"边学边练、边练边总结"，形成自己的解法和思路。

第 31 条

参透胜任力模型，提升学生核心竞争力

在一线就业指导工作中，我们有时候会很无力。为什么无力？因为很多同学到毕业生这个阶段已经定型了，巧妇难为无米之炊，即使我们有再高超的简历指导技巧，同学们可写的什么也没有，我们也无能为力。我们一直强调要端口前移，要内化到人才培养端，最终要做的就是进一步提高人才培养质量，不断提升同学们核心竞争力，核心竞争力强，再加上我们的就业指导，才会强上加强。

除了对教育教学的反馈，我们还要给同学们反馈什么？最有意义的就是告诉同学们用人单位的胜任力模型是什么，它们需要什么样能力素质的人。在第 28 条中我们给出了胜任力模型，但这些同学们很难懂，我们要把这些翻译成同学们能看懂的、可量化的点，再把这些点放在日常指导工作中，润物细无声地传递给同学们。

下面我们把用人单位校招胜任力模型翻译成同学们熟知的、可量化的点。

加分项

专业：双学位或辅修课程
成绩：一般是前30%，最少要前50%
实习经历：本科（2次），硕士（3次及以上）
学生工作：班级干部、学生会或社团（部长及以上）至少1年
学术经历：有科研项目经历或发表论文
学科竞赛：校级及以上奖励（1次）
荣誉奖项：校级及以上奖励（1次）
软件：数据分析、编程类软件等，如Python
证书：CET-6等通识证书，专业类证书（CPA、CFA等）
文体活动：足球、篮球、排球、辩论、唱歌、主持人等

　　我们在为低年级同学讲课或做咨询的时候，一定会被同学们问道：老师，对于找工作哪些比较重要？成绩重要吗？实习经历重要吗？考证重要吗？要不要参加学生会？等等。没有具体的职业目标，谈重要程度根本没有意义，但在一线工作中，我们就会被同学们在各种场合追着屁股问："什么比较重要！请老师马上说出具体的点，不要兜圈子。"所以，才有了上面的加分点。这些加分点供老师们参考。需要特别强调的是，这些加分点不是万能公式，不同类别的用人单位侧重点不同。比如：

　　公务员单位看重政治面貌、学生工作经历、荣誉奖项；

　　市场化机构看重实习经历和证书；

　　研究机构看重学术经历、学科竞赛、软件掌握情况；

　　央企、国企看重学生工作、荣誉奖项和文体活动。

　　但基本上所有用人单位都看重专业、成绩。不少研究生存在

误区，以为读研更多看实习和科研，实习和科研确实很重要，但如果成绩拉胯了，基本的门槛都迈不过去。对于本科生，所读专业不是未来职业的目标专业，双学位和辅修课程就至关重要，能弥补同学们在主专业上的劣势。

除此之外，软实力也非常重要。之前我们谈过"德才兼备、德字为先"，同学们底层价值观很重要，要是一个靠谱、正直的人；性格方面，要乐观积极，有有趣的灵魂；剩下的就是老生常谈的逻辑思维能力、语言表达能力、团队协作能力和写作能力。特别强调一下写作能力，它是同学们普遍欠缺的用人单位极其看重的能力，不只是公文写作、写研究报告、写 PPT、写新闻稿等，练好"笔杆子"不是一朝一夕能成功的，毕业时再着急已经来不及了，低年级的时候就要打好基础，通过学生工作锻炼公文写作能力，通过科研项目锤炼报告撰写能力，通过学术竞赛锤炼写 PPT 和讲 PPT 的能力。

就业工作是社会需求的传声筒，就业指导工作则是传声筒的牵引线，我们不仅要反馈到教育教学，推动学校人才培养改革；更要在日常就业指导工作中，将社会需求传递给同学们，让同学们有目标、有发力点，学在平时、点滴积累，才能成就职场未来。

第 32 条

抓住就业咨询核心点，答好逃不掉的高频问题

一线就业指导工作中，会有不少同学找到我们，向我们咨询以期解决找工作当中遇到的问题和困惑。区别于生涯咨询，一线工作中遇到的问题非常具体，往往同学们也都非常着急，很多都是直接找上门，立刻就要出个结果。这个时候老师们就要和常规的生涯咨询区别开，针对同学们的现实情况，帮助同学们解决当前最急迫的问题。

签约选择问题：选 A，还是选 B

offer 选择被问频次最高，我们一定会遇到。和生涯咨询不同，同学们找到我们来咨询，其实最想探寻的是：单位 A 和单位 B 的具体情况，发展前景如何？落户指标往年能解决多少？薪酬待遇如何？等等。因此，我们需要把我们知道的往年用人单位的实际情况真实地反馈给同学们，当然一定要和同学们说清楚，用人单位每年校招情况存在变化，往年情况仅供同学们参考。如果我们

确实不清楚两家单位的情况，可以帮助同学们搭建更多了解用人单位的渠道。比如，已签约的师兄师姐，可以由学校老师先与往届签约的同学们联系，说明有拟签约的师弟师妹想咨询一些公司的具体情况，是否愿意和师弟师妹沟通，如果愿意的话看如何对接，是提供手机号还是邮箱。这期间有两点要注意，一是不能未经往届学生同意，就把联系方式提供给要签约的同学；二是选择往届学生联系时，尽量提供多位学生的联系方式，同时他们的工作年限越长越好。

除了信息渠道之外，我们还要注意两个关键点。第一个关键点，价值观排序，决策问题最关键还是要"整明白孰轻孰重"，把最看重的"一、二、三、四"排好，答案自然就有了，这其实比较类似于生涯咨询工具中的"决策平衡单"。日常工作中，我们可以用毕业生比较关注的十个签约动机来帮助同学们进行排序分析。让同学们先把这十个签约动机进行排序，然后再根据用人单位的实际情况进行选择。

毕业生关注的十个签约动机
1.职业发展前景好
2.与个人职业兴趣契合
3.薪酬待遇好
4.工作地点理想
5.工作稳定
6.单位声誉好
7.解决户口
8.专业对口
9.父母赞同
10.工作压力小

第二个关键点，其实老师们都比较清楚，我们不能替同学们作决定，我们只告诉同学们科学决策的方法，帮助同学们搭建更多了解用人单位的渠道。最终一定是同学们深思熟虑，并与家人充分沟通之后自己做选择。需要注意的是，我们的引导也不能有倾向性，这会影响同学们寻找自己内心的声音。

案例：小白同学为某高校应届毕业生，收到 A、B 两家单位的 offer，犹豫不决找导师咨询，导师和小白同学说，B 单位更好，A 单位不好。而后此消息被 A 单位得知，A 单位主动打电话到学校就业中心，希望能够联系到小白同学的导师，希望老师作出合理解释。针对本单位"不好之处"，他们可以作出特别说明。

从小白同学导师的案例可以看出，倾向性和引导性较强的建议容易引发不必要的矛盾，甚至是舆情。

心理调适问题：找不到工作，怎么办？

每年的 12 月左右，不少同学会来咨询，"老师，同宿舍的同学都签约了，我到现在手里没有一个 offer，我怕不是要失业了吧，我该怎么办？"从一线工作经验来看，这类问题主要是出现在特定时期的心理调适问题。一般集中出现在 12 月左右，这个阶段用人单位第一批 offer 已发，但由于结构性矛盾，offer 都集中在学生精英群体手中，中间群体的同学们机会很少，而中间群体的同学们是最努力的，最努力反而颗粒无收，心态很容易出现波动。所以大批同学认为自己"找不到工作"。但随着就业市场调整，精英群体手中的聘用通知会逐渐回归就业市场，中间群体的同学们会陆续拿到 offer。因此，12 月出现以上情况，老师们最需要做的就是安抚同学们的情绪，告诉同学们这个阶段出现"零 offer"很正常，我们需要做的就是调整好心态，手握多个 offer 的大神终究也只能选择 1 个，其他的 offer 会回流就业市场，只要我们跟上节奏不掉队，敢于陪跑，谁跑到最后谁就赢了。

案例：小马同学 12 月到就业中心咨询，自己到现在都没有签约，非常焦虑。说着说着情绪就崩溃了，哭得特别伤心，老师们稳定好她的情绪，鼓励她不要放弃，春节之后肯定会有转机。寒假过后第一天上班，小马同学兴致勃勃地来就业中心咨询，说自己手头有 5 个 offer，不知道该怎么选择，想听听老师们的意见。

每年都有特别多的"小马同学"，年前哭着没签约，年后纠结选哪个。特定阶段的普遍现象我们按以上方式处理即可。当然也有同学并不是上述情况，这些同学大部分存在"求职方向和技巧"的问题。要么是求职方法不对，只"海投"不跟踪；要么就是求职期望过高，撞了南墙不回头。针对这些同学，我们需要帮他们分析具体情况，让同学们把所有投过的用人单位一一列出，看看每个层级的用人单位流程都到哪个阶段，是网申就被拒了，还是坚持进入了最后的面试。对于网申都被拒的这一类单位，之后就可以少投或者不投了；对于业务面试被拒的这一类单位，之后可以继续跟投；对于最后一轮被拒的这一类单位，是未来简历投递的主力。经过求职方向调整之后，这些同学的问题一般都会迎刃而解。

案例：小王同学因"没有 offer"来就业中心咨询，老师问"投了多少家单位，都投了哪些，每个单位到什么程度"。小王同学支支吾吾答不出来。细聊之后发现小王同学属于"佛系"求职型，看到好的就投一下，投了多少家，每家进度什么情况，完全不掌握。老师告知小王同学该如何跟踪进度、改变策略、调整期望，差不多 3 个月的时间，小王同学拿着单位的 offer 来签约。

以上就是"没 offer"问题的主要处理办法，我们要根据同学们的实际情况对症下药，该调整心态的调整心态，该调整方法的调整方法。

岗位探索问题：这个岗位怎么样？待遇和发展如何？

这也是一线工作中经常遇到的高频问题，处理方法和签约选择问题一样，我们要尽全力去帮同学们搭建更多了解用人单位的渠道，可以依靠往届签约毕业生们，也可以依靠就业市场老师们，同学们了解用人单位的渠道越全面，就更有助于同学们做抉择。同学们都能合理地做好抉择，那么在就业管理端出现的棘手事件就会越来越少，就业工作各个岗位都是紧密相连、相互支撑的。

本科生高频问题：找工作与"二战"考研的抉择

1. 去向选择问题。
"二战"考研、出国（境）留学，还是找工作。

从当前来看，本科同学们考研意愿非常高，考研已经成为本科同学们的必修课，因此在考研前咨询我们去向选择问题的同学们相对较少，这类问题主要集中在考研初试成绩公布后，会有不少本科同学在纠结"'二战'考研、留学，还是找工作"。从具体咨询案例来看，同学们找老师们咨询前，往往内心都有相对清晰的答案，咨询目的就是获得更多可以供他们参考的信息。所以，我们回答这类问题核心点就是尽可能多地提供给同学们他们想要的信息。一般来看，以下几条比较关键。

其一，"二战"考研会很"卷"，做好心理准备。大部分同学想法一致，今年就差几分上岸，第一次没经验，第二次一定可以。但其实高手博弈，就是分分必争，看似差几分，其实差不少。

其二，如果自己读研意愿非常强烈，建议可以考虑出国（境）留学，考研失利后准备，仍有窗口机会，条件允许可以咨询靠谱中介机构。

其三，找工作并没有想象的那么"恐怖"，大部分同学都在"二战"考研，错峰求职机会还是不少的。即使坚定"二战"考研也建议参与春招，求职是必修课，能够帮同学们找到自身差距、寻找未来职业发展方向，这些"求职储备"都会成为同学们研究生毕业后求职的宝贵财富。

其四，春招是本科生主战场，用人单位也主要是冲着本科同学们来的。同学们不要觉得晚了，没有机会了，只要同学们不"躺平"，机会还是有很多的。同时本科同学们都有误区，认为没有实习经历就没办法找工作，有实习确实是锦上添花，但用人单位对本科同学们是非常友好的，没有实习不影响找工作，用人单位更看重同学们的综合素质。

其五，不管如何选择，一定做好 B 计划。特别是坚定"二战"考研的同学们，出国（境）留学对于一定要读研的同学是很好的 B 计划，最大限度降低"二战"考研失利后的高风险。

其六，"二战"考研失利后面临的最大问题是"找工作受限"。大部分企业更倾向于校招当届毕业生，"二战"考研失利后的求职主要去向是考公、考编，而考公和考编竞争也非常激烈。

以上 6 点我们需要充分向同学们传递，即使他们内心已经有非常明确的去向选择，能帮他们认清形势，未雨绸缪，哪怕是心理上做好准备，都比猝不及防要强很多。

2. 应届生身份问题："二战"考研之后是否还是应届生。

应届毕业生有 2 年的择业期，同学们往往就认为自己 2 年内找工作都没问题，"二战"考研彻底不行了，我再考虑找工作的事情。对于 2 年的择业期，教育部门和学校都是认可的，但用人单位认不认这是最大的问题。当"当届毕业生"都供过于求的时候，两次考研失利的同学不具备任何优势。"二战"考研失利后找工作的渠道会变得特别窄，同学们求职期望又不低，能选择的可能只有"考公或者考编"。对于这类问题的解答，老师们需要消除同学们的误解，把真实情况呈现给同学们。

案例： 小李同学毕业当年考研失利，春招签约某国企，公司很看重他，帮他落实了北京户口指标。北京落户还没落下来，小李同学提出要辞职考研，公司业务部门和人力资源部门多次与小李同学沟通，小李同学非常坚定，北京户口也不要了，就要辞职考研。最后，公司尊重小李同学个人决定，双方友好解约，浪费了公司当年校招指标和北京落户指标。结果，小李同学"二战"

考研失利，再一次进入就业市场，发现今非昔比，自己以前"看不上"的单位，现在连面试的机会都不给，找了一圈才发现"老东家"原来这么抢手，自己非常后悔。但又不能降低求职期望，只能继续"三战"，结果"三战"也失利，最后没办法找了一家企业先工作，后面再看要不要出国（境）留学或者非全日制考研。

一线工作中，我们需要和同学们讲清楚"应届生身份"的问题，避免更多"小李同学"出现，让同学们少走弯路、少踩雷。

3. 求职困惑问题：**本科生是不是找不到好工作。**

这个问题在低年级生涯规划课程中经常会被问到，特别是在讲完"外部职业市场探索"之后立马就变成了高频问题。受各方因素的影响，"本科生找不到好工作"像潜意识一样烙印在本科同学们心里，也就是这个"潜意识"无形地推动本科同学们拼命考研。针对这个问题，我们需要给同学们客观地讲清楚当前就业市场现状。

从毕业生就业去向上看，本科生以继续深造为主，研究生以求职为主。研究生是求职市场主力，本科生求职最大的竞争对手是研究生，同时部分用人单位确实存在学历门槛，这是当前本科同学们所面临的就业市场的现状。研究生在求职广度和高度上确实有优势，但竞争也异常激烈。竞争基数大且用人单位要求高让不少研究生所从事的岗位和本科生差异并不大。而本科生以继续深造为主，真正找工作的基数小，且用人单位对本科生求职比较友好，在一些特定岗位上的待遇并不比研究生差。特别是越来越多的用人单位不盲目追求学历，更看重综合素质、忠诚度和稳定性，开设了一些仅限本科生报考的岗位，越来越多的本科同学开始意识到存在这样的好机会。当同学们都在扎堆考研的时候，错峰求职；当同学们都在扎堆全日制读研的时候，错峰考非全日制，完成了2次"错峰"，避开了激烈的竞争，找了好工作，又提升了学历。

案例：小董同学本来一心准备考研，突然看到某头部单位专项招聘计划有仅限本科生的岗位，抱着试一试的态度他参加了笔试、面试，肉眼可见的竞争不激烈，他成功入围并签约。所做工作成长性很强，短短2年业务能力和专业能力飞速提升。后来，成功考回学校读非全日制硕士，这个时候他本科同学们刚好硕士毕业，挤破头想要进他所在的部门。

小董同学回校和学弟学妹做分享的时候说："我确实运气比较好，发现了机会并成功抓住，方向有的时候比努力重要，本科最优秀的同学们都保研了，大部分同学都在考研，这个岗位和我竞争的人就很少，很少的竞争对手中又有很多同学求职不坚定，面试到一半就放弃了，我就成功走到了最后。"

其实，每年都有不少"小董同学"找到他们心中的好工作。机会是有的，我们需要提醒同学们要擦亮寻找机会的双眼，就像小董同学说的，有时候方向比努力更重要。同学们都在挤的"独木桥"有时会成为阻碍我们发现其他道路的力量。

4. 职业发展问题：本科生后期发展是不是有天花板。

这个问题同样出现在低年级生涯规划课堂，是指导活动中的高频问题。面对这个问题，我们需要和同学们传递的是，工作中用人单位更看中个人能力和业绩。工作是不是靠谱，关键时刻能不能挺身而出，这些才是决定个人职业生涯的最大天花板。与此同时，当前"非全日制硕士"认可度越来越高，工作期间提升学历的机会也越来越多。我们固有思维里的学历天花板，很多时候不是限制我们职业发展的关键因素。

　　案例：小马同学考研失利，春招求职逆风翻盘签约某央企二级公司，小马特别踏实、工作认真负责，很快从职场小白成长为业务骨干，公司很器重他，帮他落实了北京户口，还提拔为团队负责人。小马同学回校分享时每次都会被问到学历天花板的问题，他这么回答的："现在我团队中很多人学历都比我高，也有不少人资历都比我深，之所以公司让我负责这个团队，是因为在团队最缺人的时候，我撑下来了，在工作的前几年，我几乎天天加班，一个人扛下来大部分业务，虽然很累，但是成长很迅速。只要我们自己做事靠谱，即使存在天花板，对我们也可能不会成为天花板，公司会为我们创造各种机会；而在其他人那里即使他没有所谓的硬伤，他的天花板也有很多。"

　　以上是一线就业指导工作中我们会遇到的高频问题，抓住这些关键点，我们在遭遇这些问题的时候，会回答得更加得心应手。当然，只靠这些远远不够，老师们还需要掌握一些生涯咨询领域专业理论和常见工具使用方法。关于生涯咨询，业界有非常多的书可供老师们参考，也有很多专业第三方机构的专项培训，感兴趣的老师们可以边学边练，把理论应用在一线工作当中。

第 33 条

就业指导是把金钥匙，开启专业化、专家化之路

就业工作要高质量内涵发展，必然趋势就是要完成从事务型、业务型向专业型、研究型的跨越，这个跨越核心在人，只有就业工作一线的老师们从根本上转变观念，不管就业管理岗，还是就业市场岗，老师们都在自己的岗位上把业务型工作向专业化推动，让我们自身成为这个领域的专家，整个就业工作才能实现跨越式发展。而开启专业化、专家化的金钥匙就是就业指导，在这里我们从办公室走上三尺讲台，在这里我们从为毕业生盖章走向一对一就业咨询，就业指导这个工作平台能够让我们有机会把业务工作专业化，做到知行合一；能够逼我们把理论应用于实践，做到教学相长。我们要用好这个平台，在专业化、专家化的道路上狠狠成长。

成长点一：成为生涯规划和就业指导师

在就业指导这个平台上，我们会有很多机会参与各种培训，

生涯规划、教练技术等。我们一定要珍惜每次培训的机会，静下心去学习，这些是我们未来走上课堂的基础。老师们不缺一线工作经验，拼业务工作我们一定有优势，但要成为业界认可的专家，需要扎实的理论做支撑，而我们参与的这些专业化培训可以弥补我们在生涯规划和就业指导理论层面的短板，有理论、有实践，才能在专业化道路上走得顺、走得远。

　　案例：白老师从事就业工作近 7 年，在就业中心每个岗位上都锻炼过，一线就业工作经验丰富，业务能力也不弱。但就业中心资历比她浅的老师们，纷纷加入生涯规划和就业指导教研组，开始为同学们讲课或者开设团体辅导、个体咨询，只有她始终迈不出这一步。白老师最早一批参加系统专业化学习，后面的每次培训她都有参加，门门低分飘过，知识没学到，只得到了一些证书。她是生涯规划师，却讲不了生涯规划课；她是就业指导导师，却做不了个体咨询。最后，她自己也基本放弃了专业化这条路。

　　在高校行政工作体系中，像就业指导工作一样，有成熟专业化路径的岗位凤毛麟角。我们需要珍惜来之不易的学习机会，补齐理论短板，而不是为了拿个证，拿证只是起点，拿证上岗才是关键。

成长点二：走上三尺讲台教书育人

　　系统学习生涯规划与就业指导理论成为生涯规划与就业指导师，只是就业指导专业化道路的第一步。最重要也是最难的一步是走上三尺讲台，讲授生涯规划与就业指导课。为什么难？难在坚持。课比天大，台上一分钟，台下十年功。把课讲好需要持之以恒地辛苦付出，不少老师走不到一半就放弃了，说实话确实很难，在一整天繁杂的业务工作之后，还要拖着疲惫的身体加班加点继续学习、听课备课等。但只要坚持住，一旦走上讲台，就完成了自我蜕变。走上讲台虽然难，但也有事半功倍的方法。

第一，从指导活动积累经验。 从小规模的团体辅导开始积累授课经验，把未来要讲的大课程细分成不同的小专题，比如兴趣探索、简历修改等，从小专题讲起，从小班讲起，慢慢积累，由小变大。

第二，从教研组汲取力量。 刚起步就逞个人英雄主义，很容易半途而废。我们要学会依靠集体的力量，一方面从助教做起，学习前辈的授课经验；另一方面和大家一起集体备课，每人负责一部分，提高质量、缓解压力，互相交流提高教学能力。

第三，从复盘总结中不断提升。 刚开始讲课的时候，可以尝试把自己的课程录下来，自己复盘找不足。遇到瓶颈的时候，一定和教研组的前辈及时交流，慢慢打磨，不断提升，就会形成自己的授课风格。

成长点三：细分领域被业界认可

当走上讲台我们就成功跨过了最难的第二关，之后可以根据自己的优势选择一个细分领域，在这个领域不断深入研究，逐步打造这个领域内的品牌课程、品牌指导活动。如果条件允许，可以成立自己的工作室。随着工作室的不断成熟，会有更多机会走出校门，去其他高校或平台授课、分享经验，逐步被业界认可。

　　案例：于老师多年来一直在就业指导一线工作，是某高校生涯规划、就业指导等多门课程的授课教师，于老师专攻低年级生涯规划领域，两门课程获得市级奖项，成立了自己的生涯规划工作室，有自己的微信公众号，不少文章被业界广泛转载，业界知名第三方机构多次邀请于老师作为全国专业化培训的分享嘉宾，于老师在自己的细分领域被业界高度认可。

　　以上是一线就业指导工作的三个成长点，也是我们走向专业化、专家化的前三步，虽然只有短短三步，走完很难，走好更难，但老师们要相信就业指导这个平台足够大、空间足够广阔，同样也足够包容。无论我们从事的是就业工作的哪个岗位，不管是就业管理，还是就业市场，都期待老师们能够"跨界"到就业指导，到就业指导这个"交叉学科"提升自己，不沉溺于事务性工作，往专业化、专家化的方向发展，只要我们努力、坚持，一定能够拿稳这把金钥匙，开启我们的专业化之路。

第四部分

就业研究——学如弓弩，才如箭镞

第 34 条

一次全面的跨越式转型，箭在弦上不得不发

2023 年，毕业生报到证全面取消，就业管理工作再一次"减负"。这是在各高校开始发布就业质量年报之后，再一次吹起了就业工作由业务型向研究型转型的冲锋号，箭在弦上不得不发。这次转型我们都要经历，跟不上节奏，就一定会掉队。就业研究工作要发展，很难一蹴而就，需要一段时间的积累和沉淀。时间很宝贵，窗口期也很短，需要我们站得高、看得远，提前谋划、提前布局，才能跟上这次跨越式转型，开启就业工作转型发展的新篇章。作为一线就业研究工作的老师，我们要提前考虑哪些方面呢？

夯实基础，搭建就业调查体系

一线就业研究工作中，我们最基础的工作就是"发问卷"，四处求人帮我们"填问卷"，并每天为问卷填答数不达标而发愁。不少"刚上手"从事就业研究工作的老师对就业研究工作存在误解，

总觉得就业研究工作就是"发问卷"，并没有看到问卷背后精心设计的就业调查体系。没有就业调查体系的支撑，就不会有后续就业质量报告、就业状况报告等一系列研究成果的输出，它是我们从事就业研究工作的基础。那么，我们要搭建怎样的就业调查体系呢？我们的目标是尽量做到全覆盖，要覆盖毕业生求职全过程，也要覆盖用人单位校招需求，同时还要兼顾问卷的填答率和效度，数量不能过多，题目不能过多，这个平衡要拿捏好。目前，大家比较常用的是两个主体问卷再补充关键节点问卷调查或摸底调查的就业调查体系。主要如下：

最主体的两个问卷分别是"毕业生满意度调查问卷"和"用人单位人才需求和毕业生评价问卷"，这两个问卷一般嵌入到各高校就业信息化平台上，与具体业务绑定。

1. 毕业生满意度调查问卷：在毕业生离校前办理户档手续时填答，问卷调查内容主要涵盖就业期望（去向、行业、地域等）、就业竞争力、职业稳定度、毕业生满意度等。

2. 用人单位人才需求和毕业生评价问卷：一般在用人单位发布招聘信息或预约宣讲会、双选会后填答，问卷调查内容主要涵盖用人单位岗位需求、能力素质要求及对学校人才培养、教育教学、毕业生就业和毕业生能力素质等多维度评价。

两个主体问卷基本覆盖毕业生求职和用人单位校园招聘绝大部分内容，在主体问卷基础上会在几个关键节点进行补充调查。对于毕业生而言，一是在毕业生签约时进行毕业生签约状况调查，主要调查毕业生求职进程、薪酬待遇、签约动机等；二是为掌握毕业生求职意向和求职进程，在9月、12月和3月几个关键时间节点做摸底调查，问卷内容很简单，主要调查求职意向和签约情况。对于用人单位而言，主要是在 9 月初和来年 2 月初进行校招需求和形势走向调查，研判当年校园招聘形势。一般也会和秋招、春招用人单位进校时的质性访谈结合在一起。

两个主体调查和关键节点的补充调查搭起了整体就业调查体系架构，基本做到了毕业生求职和用人单位需求的全覆盖。如果老师们有条件再去深度研究，可以从两个方向入手，一是分群体、分类别专项调查研究，比如针对就业困难群体的专项调整等；二是与人才培养端做交叉调查研究，比如低年级学情调查联动分析等。

培养思维，促进研究成果落地

搭建就业调查体系是基础，基础夯实了，数据也有了，我们下一步要进行分析研究，让我们的研究成果落地。不少一线就业研究工作的老师都觉得这个成果就是《毕业生就业质量年报》，这是每年的规定任务，这个任务完成了我们就业研究工作也就圆满结束了。其实，《毕业生就业质量年报》只是冰山一角，我们真正要推动落地的是隐藏在水面下面的冰山主体。我们可以发力的方向有哪些呢？

第一，推动就业工作内部高质量发展。让就业研究思维与就业各个岗位业务工作深度融合，让就业研究思维和就业研究成果可以支持就业工作的每个岗位。就业市场调研和校招趋势支撑就业市场工作，助力我们更加及时地调整校招策略；毕业生意见和建议支撑就业管理工作，助力我们优化调整就业手续办理；毕业生薪酬、竞争力、签约动机等支撑就业指导工作，助力我们更加科学地为毕业生做规划、做指导。以往这些老师都是凭经验、拍脑袋，有了就业研究的支持，之后就有数据、有案例做依据，业务工作也不再单纯是事务性工作，通过就业研究我们赋予了它们更多的"力量"，这股"力量"会推动所有就业工作岗位上的老师养成研究思维，不再只低头干，而是边干、边看、边研究，这股"力量"也会从根源上推动就业工作从业务型向研究型转型，而这股"力量"需要一线就业研究工作的老师们来传递。

第二，推动就业质量评价体系落地。 从教育部要求各高校发布就业质量年报那日起，从上到下都在推动就业质量评价体系落地，不唯就业率论英雄，而是用多维度的量化指标来评价毕业生就业质量。其实，我们在设计就业调查体系的时候，就是在建立自己学校的毕业生就业质量评价体系。要建立全国高校"一把尺"的就业质量评价体系是很难的，但根据各个高校的实际情况建立自己高校内部的就业质量评价体系还是很有可行性的，而这个任务就落在一线就业研究老师的肩上。各个高校自己就业质量评价体系建立意义重大，是就业工作反馈教育教学和人才培养的指挥棒，有了指挥棒才会有方向，有方向才会有发力点，有发力点才能真正提高人才培养质量和教育教学水平。

第三，推动就业状况与招生、人才培养的联动分析。 从就业管理开始，我们一直在强调端口前移，而前移到哪里呢？当然是哪里有问题，我们前移到哪里，怎么找问题呢？这就需要从就业状况这个出口入手，一步步往前段推。就业状况数据与招生数据交叉分析，挖掘生源质量与就业质量之间的内在联系；就业状况数据与综合素质评价数据交叉分析，挖掘就业质量与人才培养质量之间的内在联系；从数据当中发现规律、从数据当中发现问题，真正让就业状况数据"动起来",让"动起来"的就业数据把问题挖出来。《毕业生就业质量年报》只是冰山一角,而《毕业生就业状况报告》才是我们要挖掘的冰山主体。

第四,推动就业市场现状与趋势的及时反馈。就业工作是社会需求的传声筒,用人单位需要什么样的人才,需要哪些能力与素质,这些数据通过我们的就业调查体系都可以获得。数据有了,我们要内化成研究成果,把真实的市场需求呈现给人才培养端,去优化调整专业设置,优化调整招生指标分配。

畅通渠道,建立反馈联动机制

固化了就业研究成果,下一步就是要推动就业研究成果落地、转化,只在就业端是不能从根本上解决问题的,我们要不断畅通渠道,把就业端发现的问题、就业市场的需求反馈到招生、人才培养和教育教学端,推动人才培养和教育教学的深化改革。

就业研究是就业工作的未来,也肩负着就业工作跨越式转型的重任。未来已来,挑战与机遇并存,一线就业研究工作的老师们任重道远。不只为完成《毕业生就业质量年报》而研究,而是以就业研究为支点,撑起整个就业工作的高质量发展,撑起推动就业—招生—培养充分联动,推动学校人才培养和教育教学的深化改革。

第 35 条

以小见大、积累素材，培养研究思维与研究习惯

对于一线就业研究工作的老师们来说，就业研究最让人头疼的就是年底的研究报告以及向学校常委会、校长办公会等作的各类专项汇报。这些大报告和大汇报是对我们一年研究工作的集中验收，但实践与经验告诉我们，要想驾驭这些大报告和大汇报，仅靠最后几个月拼了命的冲刺，是远远不够的。需要我们把功夫下在平时，以小见大，慢慢积累，抓好以下几个关键点。

第一，做好过程数据的备存与分析。我们年底写报告的时候，经常会遇到数据缺失的情况；通过分析就业数据发现了一个重要问题，想沿着这条线索深挖下去，结果发现所有的过程数据当时都没备存，这个时候追悔莫及，没有办法只能放弃。备存数据是一线就业研究工作老师们一定要培养的研究习惯，这个好习惯能够在关键时刻助我们力挽狂澜。数据分很多种，有留痕的结果数据我们不需要刻意关注，只要不丢，完全可以留到最后分析，比如毕业生就业结果数据、用人单位校招数据等，依托就业系统我们都可查、可分析。我们需要关注的是不易留痕的过程数据，比

如选调生报名情况、不同时间点就业状况等，日常工作中不备存数据，最后用到再找则难上加难。

案例：张老师"刚上手"从事就业研究工作的时候，经常因为缺数据而头疼，吃过亏就特别注意数据备存。她自己有个文档专门盯着其他同事的过程数据。每学期初，她都会给负责就业市场的老师一个数据表，上面是所有就业市场日常工作中需要留痕的关键数据。比如，每个省的定向选调生报名人数、参加笔试人数、面试人数、签约人数、放弃签约人数等。她会定期和相关老师沟通，以免老师们遗漏关键数据。张老师备存的每一项过程数据，无一例外都会成为领导经常问起的高频数据，不仅自己写报告有数据，还能帮助其他老师们随时应对领导的"夺命三连问"。

对数据敏感是一线就业研究老师们的必备素质，特别是"刚上手"从事就业研究工作的老师们，要时刻培养自己的研究思维和职业嗅觉，像张老师一样，把功夫下在平时，手里有数据，写报告时心不慌。

第二，小研究积累成大报告。大报告都是一个个小研究积累起来的，堆到最后几个月再做小研究，最后的结果就是小研究做不细，大报告写不好。小研究什么时候做？还是那句话，功夫下在平时。日常工作中，我常常会在不经意间发现问题或者有研究价值的线索，有可能是生涯咨询时同学们提出来的问题，也有可能是第三方机构或其他高校发布的一个数据分析，这个时候我们千万不能等，"先记下来或者先收藏，等年底写报告的时候再看"这个拖沓思想不能有，等年底写报告的时候我们已经没有精力去思考和深挖，这时要毫不犹豫地跟上去，挖掘数据、积累论点，把这些小研究做细、做透，如果时间允许，一定要形成可以直接引用的小报告。这些小报告都会成为我们未来大报告的关键素材。

案例：一位老师在工作群里转发了某高校某学院的就业数据，数据很详细，隐藏掉学生个人信息后分专业筛选数据，甚至每位同学的就业单位信息也都包含其中。群里其他老师没有什么反应。负责就业研究的董老师很开心，他马上安排值班的学生助理把公众号上的数据都扒了下来，当天晚上他就开始做分析，与自己学校对应专业的毕业生就业数据作对比，分析出两所高校同一专业毕业生就业质量高低，找出了自己高校的优势和不足。最后，这个小研究就作为核心内容出现在当年的大报告里。

研究报告不是靠最后几个月不吃不喝啃出来的，而是靠平时不断积累攒出来的。像董老师一样，我们需要把研究思维内化于心、外化于行，时时刻刻指导我们日常工作，发现问题、数据和研究方向，要第一时间响应，把它做细、做透。平时积累的素材越多，我们年底的研究报告和汇报才会越精彩。

对于"刚上手"的新老师更是如此，大报告有前辈操刀，我们什么时候能有练手的机会呢？那只有从小做起，以小见大，把日常工作中遇到的小问题都研究透，学会分析问题的方法，学会撰写报告的语言，养成良好的研究思维和研究习惯，小研究做好了，大报告指日可待。

第三，他山之石可以攻玉。做论文研究要熟读文献，做就业研究同样也需要。平常业务工作比较多，我们可以少看一些理论，但业内认可的第三方机构的内部刊物、研究报告、公众号上的一些专项研究，还是比较有意义的。上面的数据、论点、素材都可以为自己的研究报告所引用，也可以帮助寻找研究方向。

案例：同样是董老师的案例，智联、猎聘、前程无忧等有就业市场业务的第三方机构都有自己的研究部门，定期会给各高校发它们的内部刊物或研究报告，其他同事翻两页就放一边了，只有董老师每次都会仔细看，涉及他感兴趣的数据，会请就业市场的老师帮忙要来电子版，把感兴趣的数据、论点整理成素材。

以上三个关键点既是完成《毕业生就业质量年报》和《毕业生就业状况报告》这些大报告的具体方法，也是需要我们内化于心的研究思维和研究习惯，写报告、做汇报是个系统工程，越是系统工程越需要在细微之处见真章，功夫下在日常，以小见大、点滴积累，才能事半功倍。

第 36 条

就业调查早谋划、早安排，亡羊补牢很被动

一线就业研究工作中，就业调查可以理解为我们的常规业务工作。区别于其他业务工作，这项工作时间节点性强，窗口期短，调查内容又相对固定，特别容易被忽略，不是错过了调查时间，就是调查结束后才发现要增加调查内容，要不就是质性访谈数量不够等，调查窗口期一旦错过，想再补充难上加难。为了不出现亡羊补牢的被动局面，在就业调查工作中，我们要重点关注这几个关键点。

第一，调查方案要早谋划、早安排。我们都有比较成形的就业调查体系，在现有就业调查体系基础上，每年都会有相应的调整，怎么调整，调整哪些内容，一定要提早谋划、提早安排，等窗口期过了，再去考虑增加内容，非常不现实。怎样算"早"呢？秋季学期的暑期我们就需要把这一届毕业生的调查方案定下来。对于毕业生和用人单位，我们要开展哪些问卷调查，都在哪个时间点开始；调查内容是不是需要调整，要增加或者减少哪些内容；是不是需要做质性访谈，质性访谈的数量要做多少；是不是需要

做专项调查等，以上这些问题回答好，就敲定了调查方案的基本框架，之后我们再根据现实情况随时进行调整。

第二，内容调整要避坑避险，避个人英雄主义。要调整哪些调查内容主要基于两点：一是之前吃的亏不能再吃，要充分避坑避险，要充分总结上一届《毕业生就业质量年报》和《毕业生就业状况报告》撰写过程中所遇到的问题，比如哪些数据缺失、哪些方面论据不充分等，补齐之前在就业调研方面的缺失项；二是充分依靠集体力量，头脑风暴、集体讨论，就业管理、市场、指导等所有岗位的老师们集思广益，把近期自己岗位上所看到的"值得研究的方向或待解决的问题"都抛出来，老师们一起讨论哪些要成为今年就业研究工作重点，确定了就业研究重点与方向，自然也就明确了就业调查体系中需要调整的内容。

第三，调查方案要跟踪到位，更要执行到位。我们都知道问卷扔出去容易，回收难。不跟踪到位是拿不到高质量调查数据的，我们不仅在后台时刻关注填答率，更要时刻关注问卷的填答质量。扔出去就不管了任其野蛮生长，到最后一定是谁做研究谁吃亏。问卷要跟踪到位，质性访谈更要执行到位，数量和质量都要执行到位。大规模的质性访谈一般都要依靠学生助理团队，同学们交的"作业"要一天一批，不能等到最后收齐了一起批，实际收上来会发现很多访谈不能用，需要重做或者补充，这个时候已经过了访谈窗口期，再联系被访人非常困难。

就业调查是就业研究的基石，一开始我们就要打牢地基，最大限度避免亡羊补牢现象出现。特别是对于刚从事就业研究工作的老师们，做好常规工作，我们才有更多时间去做发展性工作。

第 37 条

就业白皮书功在千秋，年年积累只为十年磨一剑

　　每年年底各个高校都会发布《毕业生就业质量年报》，除了对外公布的就业质量年报，不少高校也会做自己内部的就业白皮书，也就是《毕业生就业状况报告》，它也属于我在前文多次提到的大报告，它凝聚了一线就业研究老师们整整一年的研究成果，记录了一届毕业生的就业状况，分析了一届毕业生存在的问题和未来就业发展的走势，承载了一年来我们向学校常委会、校长办公会等汇报就业工作的精华。写这个大报告很熬人、很痛苦，要积累整整一年的数据和素材，还要在年底的最后几个月加班加点、熬夜赶工。但这个大报告意义重大，一定要坚持下去，年年积累，功在千秋。

　　也许会有老师们质疑，已经有每年对外发布的就业质量年报，就业白皮书不少职能已经被替代，拼死拼活地写一本特别厚的大报告有什么意义呢？对内公布其他人也看不到，不如把就业质量年报做得花哨一些，对外一公布还能彰显学校就业工作成绩。就业大旗不能倒，写好就业质量年报非常重要，这是涉及学校社会

声誉和社会评价的大事，但就业质量年报可以代替就业白皮书绝对是认识误区。就业白皮书的核心功能是不可替代的。

第一，就业白皮书是工具书。就业质量年报数据有限，而就业白皮书是这一届毕业生所有就业工作数据的呈现，包含详细的毕业生就业状况数据、详细的就业市场数据、详细的毕业生就业调查数据、详细的毕业生交叉分析数据（涉及招生、人才培养的数据）以及专项研究当中横纵向的对比数据等，它就像一个大字典，涉及一届毕业生的所有数据。它在一线工作中有多实用，看看老师们的办公桌就知道了，大部分老师桌上都会有一套近 5 年的就业白皮书，往年的就业数据随手就能翻到，它是一线就业工作老师们的案头书。我们在一线工作中一定都经历过这样的场景，领导火急火燎地赶过来，要一个近 3 年的就业率数据；或者校领导在会上，马上就要。我们不用再翻找以前的原始数据重新做了，只需要拿出近 3 年的白皮书翻一翻，几分钟就完成了。

第二，就业白皮书是历史书。铁打的就业流水的兵，一旦老师们转岗，或多或少都会出现就业材料甚至是就业数据的丢失，而就业白皮书都会报档案馆存档，若干年后即使老师们全部转岗，我们当年整理的就业数据也可查、可追，它是我们保护数据的最后一条防线。同样，一届就业白皮书记载着一届毕业生所有的数据，年年积累，我们才有可能做历年毕业生就业的趋势分析，才能去追溯当年就业工作出现了哪些问题和趋势，这些问题是不是还有，我们该怎么解决；这些趋势是不是已成现实，我们该怎么应对。作为一线就业研究的老师们，就业白皮书是我们业界的史书，我们需要常读，看看当年都做过哪些研究，这些研究我们是不是可以继续，前辈们写的报告对我们有很大的参考意义，我们可以从中找到研究方向和研究内容。对于"刚上手"从事就业研究工作的老师们就更重要了，刚开始我们可以照猫画虎，慢慢学成之后，再形成自己的风格。

第三，就业白皮书是灵魂书。 就业工作以业务为主，一线老师们每天都忙于应对事务性工作，大部分老师都会被事务性工作禁锢住。我们都深知要向专业型、研究型转变，但为什么这个转型的步伐一直走不快，核心就是一线老师们被事务性工作禁锢了，平时太累根本没有时间思考，如果一年到头再没有一项工作能够逼老师们静下心来认真思考的话，我们的专业型和研究型转型仅仅是纸上谈兵。编写就业白皮书则是最好的契机，它逼着各个岗位的老师们在年底的最后几个月，静下心、寻找自己工作的灵魂，也逼着老师们思考，找到不足，自身能力才能提高；找到问题，就业工作才能提高；找到灵魂，才能固化成研究成果在期刊上发表。

案例： 某高校连续 20 年撰写就业白皮书，以就业白皮书为基础，向就业工作领导小组、学校常委会、校长办公会等专项汇报就业工作，并联动本研招生和人才培养，畅通就业—招生—培养的反馈机制。同时经过 20 多年的积累，就业研究思维和习惯已经融入整个就业工作团队的血液，在就业管理、就业市场、就业指导等各个领域都非常注重就业研究，用数据说话，用研究来支撑业务工作。团队研究成果也比较突出，在就业领域多个重要期刊发表多篇文章。

就业白皮书意义重大，贵在坚持，像案例中的高校一样，年年积累，20 年磨一剑。希望一线就业研究的老师们也能孜孜不倦，把自己高校的就业白皮书坚持做下去，利在当下、功在千秋。

第 38 条

做好传声筒，先内后外孜孜不倦摇旗呐喊

就业工作是社会需求的传声筒，而就业研究则是传声筒的牵引线。我们每年辛辛苦苦撰写的就业白皮书，一定要充分激发它所蕴含的力量，把我们在毕业生就业端研究发现的问题传递给人才培养端。老师们也许会觉得"白皮书我们辛辛苦苦写完了，也都送过去了，看不看是他们自己的事"。事情确实如此，但"说不说、怎么说、说到什么程度"就是我们自己的事。在一线就业工作中，我们都知道就业白皮书只不过是一个载体，理想是好的，这个载体可以发挥大作用；但现实是骨感的，要想让就业研究落实落地，必须靠我们自己孜孜不倦、摇旗呐喊，说的次数多了，说的时间久了，形成固有认知了，效果自然就出来了。

第一，内部打破是成长。我们要先从内部发力，自己内部体系都推不动，外部体系就更困难。第一步我们要先让就业研究体系全面支撑校院两级的就业工作。怎么做？一句话"谁的问题谁领走，发现问题一起上"。白皮书和日常就业研究中发现的问题或趋势涉及哪块就业工作的，我们要及时反馈给相关负责的老师。

比如，我们研究中发现就业市场结构不均衡，地域和行业分布相对集中，这就要及时反馈给负责就业市场的老师们，今年起就要加大力度拓展非优势学科和非高校属地所在地的岗位资源，给毕业生赴生源地和多行业就业创造更多机会。这就是"谁的问题谁领走"，细化到岗、落实到人，推动就业研究工作支撑就业工作高质量发展。日常工作中各个岗位的老师们发现问题或者趋势，都可以和负责就业研究的老师一起研究。比如，负责就业指导的老师今年开设了少数民族生涯规划工作室，就可以和负责就业研究的老师一起研究，在调查体系中增加少数民族群体的专项调查。这就是"发现问题一起上"，让就业研究工作真正融入日常业务工作中，塑造每个岗位老师们的研究思维，加快就业工作每个岗位、每个领域的专业化转型。

第二，外部推动是改革。就业工作核心是人才培养工作，只靠就业工作内部成长是拉不动整个学校就业工作转型的。我们需要跳出就业工作体系，从外部持续发力，在学工、教学、科研、培养、招生等各个业务条线孜孜不倦、摇旗呐喊。一方面要向常委会、校长办公会专题汇报、依托就业工作领导小组向相关职能部门和各学院专题汇报，自上而下推动；另一方面在学工、教学、招生等各个业务条线工作会议上、研讨部署上充分发声，在学校各个业务条线横向推动。只要有机会，我们就要发声，这不是在为我们自己发声，而是在为社会需求发声，是为推动学校人才培养更加契合国家和社会经济发展的需求发声。

案例：陈老师是就业研究工作老前辈，在交叉学科培养还处于不温不火的阶段，他就发现用人单位非常渴求复合专业背景的毕业生，他做了大量的问卷调查和质性访谈，进行了深入系统的分析研究，并结合自己高校的实际情况做了具体方案。之后自上而下，陈老师在各个业务条线大小会议上不停发声，紧接着学校交叉学科培养试点落地，效果非常好。学校也因此走在了交叉学科培养的前列。

就业研究工作不仅仅是写报告、做研究，最重要的是推动就业研究工作落地。这个职责自然就落在了一线就业研究老师们的肩上，作为社会需求的传声筒，就业研究的推动者，我们任重道远。先内后外，孜孜不倦，不停摇旗呐喊，念念不忘，必有回响。

第 39 条

就业研究是炼金石，助我们不断微炬成光

就业指导是金钥匙，帮我们开启了专业化之路。那么就业研究就是炼金石，助我们成为一线就业工作中不可替代闪闪发光的金子。其实，就业研究不只是狭义的就业研究岗，掌握了研究思维和研究习惯，不管是就业管理、就业市场，还是就业指导，我们都能成长为自己领域不可替代的力量。

成长点一：研究思维与习惯让我们不可替代

三百六十行，行行出状元。之所以能成为行内状元，除了天赋和努力之外，勤于思考是关键因素之一。勤于思考其实就是我们所说的研究思维。同样是做事务工作，有研究思维的人收获是完全不同的，他们能够在看似杂乱无章的工作中找到规律，然后抓住规律指导自己更好地工作。

案例：刘老师是就业市场岗的新人，入职前的实习期间主要

是帮忙审核招聘信息，其他人干得很机械，看看单位资质，扫一眼招聘信息就过了。只有他看得很认真，认真看公司简介，认真看岗位需求，还会对比分析同一个岗位不同公司之间任职要求上有哪些不同。入职后和前辈一起接待用人单位，对企业和岗位的认识完全不像新人。前辈很好奇，他说他审招聘信息的时候，看到过这家公司的招聘信息，同类别公司招聘信息也看过了，就特意分析了各家的优势和特点。果不其然，刘老师成长就是比同时入职的小伙伴迅速很多，第一年其他小伙伴还在磨合期的时候，他就全部接手了整个就业市场工作。

就业研究能够给我们的是，"比别人多想一点"的研究思维和研究习惯，而这些往往是老师们与其他人拉开差距、变得不可替代的第一步。研究习惯一旦形成，会内化成我们的工作习惯，不管我们还在不在就业工作岗位上，都会让我们受益终身。整体而言，高校行政岗位事务性工作居多，能将事务性工作专业化的老师少之又少，经过就业研究的历练，我们不论走到哪，都有机会成为少之又少不可替代的力量。

成长点二：研究方法与数据分析能力让我们与众不同

就业研究会逼我们把课本上学到的研究方法运用得非常熟练，同样也会魔鬼般地强化我们的数据分析能力，会逼我们对数据非常敏感，也会逼我们成长为数据处理与分析的高手。而这些都会成为我们在高校行政工作中的比较优势，会让我们在团队中与众不同。

案例：曹老师在学校就业中心工作 4 年，其间负责过就业研究工作，之后曹老师转岗到学校其他部门工作，后来成为该部门主力军。这主要得益于曹老师数据分析能力强，PPT 做得也好。同样一份汇报材料，其他同事展现的都是干巴巴的文字，只有她的材料有数据表、有趋势图。

成长点三：大报告撰写能力让我们脱颖而出

写过大报告的老师们都知道其中的辛苦与不易。虽然写起来很难，但确实能打通我们写稿子的"任督二脉"。"笔杆子"在行政工作中的受重视程度，老师们应该都有比较深的体会。就业研究工作不仅能把我们的"笔杆子"练出来，也能把老师们写学术文章的能力逼出来。不少一线就业研究的老师，依托大报告的撰写，在学术期刊上发表了不少学术论文，获得了在行政和学术两条发展路线上脱颖而出的机会。

案例：周老师一入职就在某高校就业中心从事就业研究工作，5 年的研究工作积累，让她从业务小白成长为不可替代的核心骨干。工作研究成为她认定的职业发展主线，转岗到学校其他职能部门后，她也主要从事研究工作，同时也是部门的"笔杆子"，负责所有大报告的起草工作。和在就业中心一样，依旧为不可或缺的核心骨干。

其实，就业研究的成长点还有很多，能让我们练就一丝不苟的工作态度，"大报告"是不能有错误的，错之一毫，差之千里；
它能系统地锻炼我们发现问题、分析问题和解决问题的能力等，
我们要学会把所有的成长点聚集在一起，微炬成光、熠熠生辉。

第五部分

智慧就业——工欲善其事，必先利其器

第40条

一次全面新技术升级，提早布局拥抱未来

一线就业工作中，最困扰我们的是什么？是繁杂的事务性工作。处理不完的盖章材料，做不完的就业统计报表，接不完的咨询电话等，这些耗费了我们大量的时间和精力，但又不能不做。就业工作要高质量内涵发展，要完成从事务型、业务型向专业型、研究型的跨越式转型，我们自己也要往专业化、专家化道路发展。但每天都深陷在事务性工作当中，要想转型发展谈何容易。

当下已经进入信息化时代，就业市场和毕业生实际需求也都需要我们跟上时代步伐。为了适应新时代新要求，也为了能够把一线就业战线的老师们从事务性工作的泥潭中拉出来，我们需要更智能的就业信息化平台，作为处理事务性工作的强大工具。这个背景下"智慧就业"的概念应运而生，各个高校在推动就业信息平台智能化方面做了很多工作。很多方向和工作值得我们一线就业工作的老师们借鉴和探索。

第一，推动就业手续全面线上化。就业手续全面线上化不只是简单的线上审批流程，同学们线上提交申请，老师们线上审批，

同学们线下再交材料，老师们线下再盖章，这样并没有从根本上解决问题，同学们照样会给老师们打电话询问手续怎么办理，老师们也还是要坐在师生服务大厅给同学们盖一天章。全面线上化是指最大限度地让系统解决咨询问题，同学们不用给老师们打电话也能在系统提示和引导下完成手续办理；最大限度地取消线下材料盖章审批，就业协议可以网签的网签，公务员报名推荐表必须线下的可以配合审批系统使用自助盖章机。其核心就是一切能够依靠就业信息化系统解决的都用系统来解决，电话咨询少了，同学们也不用卡点来盖章（24 小时都能盖章），老师们也不用在服务大厅坐一天只为盖章，同学们方便，老师们也能有更多时间做发展性工作。

　　第二，推动就业市场更加精准化。当前各个高校就业信息化平台基本都能实现用人单位线上申请发布招聘信息、进行宣讲会和双选会等功能，这已经能够解决大部分就业市场的事务性工作。但一线就业市场老师们依旧有两个痛点。一是发布渠道依旧不够精准，有大量招聘信息，特别是实习信息推送不到目标群体，大量优质的招聘信息、实习信息还是通过微信群的形式层层往下走，信息损耗太严重。二是资源渠道依旧不够通畅。各个高校间大多都是信息孤岛，用人单位发布一个招聘信息要在几十家高校的就业信息网注册账号，就业信息流动不起来；优势学科行业和高校所在地的单位资源集中，其他行业和非高校所在地的单位资源相对紧张。这两个痛点同样可以探索依托新技术解决，一是将毕业生求职需求和用人单位招聘需求标准化处理，系统实时匹配精准推送；同时与微信企业号对接，可以由老师们定向推动。二是探索区块链＋就业的技术解决信息孤岛问题，用人单位在一所高校发布招聘信息，可以选择同步到其他相关高校，所在高校审核通过后定向推送给毕业生，这样能最大限度地让就业信息流动起来，高校间资源互补、共享共用。

第三，**推动就业信息标准化**。一线就业工作中，我们常会遇到这样的情况，明明去一家单位就业，结果单位名称同学们填得五花八门；系统精准推送识别的关键字段，明明是一个含义，用人单位写法也都不一样。就业信息的"非标准化"让老师们后期统计和精准推送难上加难。就业系统内信息标准化是就业系统智能化的根基。看似简单，但周期长、工作量大，需要我们从事一线就业工作的老师们，发现问题马上更新，随时升级打补丁，只有经过一段时间的积累，数据标准化后，相应配套的功能才会发挥效能。

第四，**推动就业数据配置化**。周报、月报、年报各类数据分析是我们常规工作中最耗时的任务之一，耗时、耗力，还不能出一点差错。而且最怕突然要数据，做一份数据就要熬半天。目前，大部分就业信息化平台可以实现固定模板的数据分析，比如定期生成就业率周报、就业率月报，甚至是一键生成毕业生质量年报。其实，最大的痛点是"突如其来"要数据，这个时候可配置化的数据分析就成为解决问题的关键，根据要求，实现大部分数据直接生成，效率高，准确率也高。

第五，**推动就业数据可视化**。每年的《毕业生就业质量年报》和《毕业生就业状况报告》，最大的工作量就在于做各种各样的数据表和分析图，数据可视化做好了，可以实现一键生成研究报告里的数据表和分析图，数据精确且美观，最大限度为老师们"减负"。同时，可以探索开发用人单位画像。通过对用人单位校招数据研究分析，为毕业生求职提供更多数据参考，缓解供需两端结构性矛盾。

就业工作智能化时代已经到来，新技术应用必然会推动高校就业工作踏上飞速发展的快车道。作为一线就业工作的老师们，我们要不断开拓眼界，与高校就业圈的战友们多交流，善于发现新技术，使用新技术，也要更加积极地推动新技术与传统业务的深度融合，提早布局、拥抱未来。

第 41 条

就业手续全面线上化，走向智慧就业第一步

一线就业工作中最大的痛点就是就业手续业务量大、咨询量大，太多人员和精力投入到就业管理工作中，事务性工作比重太大，专业化和研究型工作投入力量不足。因此，智慧就业平台建设第一步就是要解决老师们工作中最大的痛点，能用系统解决的就业手续全部依靠系统解决，既方便同学们，又解放老师们。以下几个新技术应用很关键。

第一，引导式填报优化手续流程。电话咨询量大，是因为同学们看不懂我们的手续办理系统，所以他们要先问清楚再去填。我们要做的第一步就是让同学们不用动脑筋也会用系统，怎么做到呢？一是优化办理流程，能砍的都砍了，只留必须填的，剩下的交给系统和办手续的老师们；二是填报改成引导式，每个字段都有详细说明备注，只要认识字就知道怎么填；三是流程到哪个环节都系统可查，每个审批意见都有邮件或企业微信提醒，同学们不用打电话催审批进度。这样，每个字段都写清楚了，填完一步出下一步，不用动脑筋跟着系统提示走就行，问题少了，电话

咨询量自然也少了。

第二，使用智能机器人解决高频问题。同学们电话咨询的问题同质性非常强，高频问题统一由智能机器人回复。智能机器人设置在系统内、网页端和手机端，同学们输入问题，智能机器人回答问题，功能类似于我们都熟悉的京东智能客服。这样，高频问题由智能机器人解决一大部分，遇到机器人解决不了的个性化问题再由老师们答复，会减少很多电话咨询量。

第三，自助盖章机完成线上最后一公里。日常手续中最主要有两类：一类是就业协议盖章；另一类是各类报名推荐表盖章。就业协议盖章根据用人单位和毕业生要求，愿意走网签可以走网签，申请纸质就业协议的同学们，可以和公务员单位报名推荐表盖章一样，选择自助盖章机盖章；自助盖章机盖章流程也很简单，系统申请、审核通过、刷校园卡自助盖章。这样，自助盖章机帮助老师们完成了线上审批的最后一公里（盖章）。同学们再也不用从实习单位请假回来盖章了，老师们也再也不用在师生服务大厅坐一天只为盖章了。

案例：郭老师是某高校就业中心的老前辈，一直负责就业管理工作，在一线为毕业生办手续。学校升级了就业信息化平台，有了引导式填报，刚开始郭老师非常不适应，她年龄大了，不太会用，想改回原来的手续办理模式。毕业生离校集中派遣时，她感受到新技术的过人之处，原来需要1个月才能填报完的就业数据，同学们一周就填完了，而且准确率很高，最关键的是以往这1个月电话都会被打爆，而这一次只是前2天电话爆了，后面3天就很正常。后来，郭老师新系统用得得心应手，主动要求添加智能机器人和自助盖章机。

引导式填报、智能机器人和自助盖章机三个新技术点相互支撑，减少了电话咨询量，减少了现场手续办理量，大大地减轻了一线就业工作老师们手续办理压力，让老师们能有更多时间去指导毕业生求职、助力毕业生成长。

第 42 条

渠道畅通依旧是王道，精准推荐仍是市场主战场

在之前的就业市场部分，我们知道一线就业市场工作拼到最后，拼的就是谁的渠道更通畅，谁能一个不漏地把机会推给同学们，谁的反应速度更快。该传递到的传递不到，求职机会就没了；传递到了但反应慢了，竞争对手就领跑了。渠道的重要性不言而喻，但不少老师们会觉得"精准匹配、定向推荐"不是新技术，都已经是就业平台标配了。其实，我们做得还不够精准，我们要做的不只是通了，而是要畅通无阻。

当前，就业系统标配的"精准推荐"更多基于同学们的求职行业、地域、单位性质等大字段的标签推送招聘信息，并没有完全抓准同学们的喜好。同时，系统匹配推荐的信息也较多，现实情况是有些同学直接屏蔽了精准推送功能。精准推荐还需更加准，响应还需更加快。

第一，让精准推荐更准。就业信息标准化非常重要，用人单位的招聘需求、岗位要求和毕业生求职期望都需要更加标准化，这样才能实现更准确的推荐，而不只是基于行业、地域、单位性

质、薪酬范围、户口指标等大分类标准。我们在原有标配基础上
要做得更细，更多关注毕业生和用人单位的个性化需求，更多抓
住毕业生和用人单位的喜好。毕业生求职期望要细到工作压力、
晋升渠道等偏个体需求，岗位要求要细到实习经历、证书要求、
软件技能等偏个性化要求。推荐算法方面，后台推荐标准数据库
要更加全面，毕业生简历信息、毕业生求职行为（简历投递单位
情况）等均要加入其中。推荐精准度提高了，推荐数量和频次上
需要适当减少，信息量过载相当于信息为零，不但达不到预期效
果，反而会引起同学们反感。

　　第二，让精准推荐更快。一线工作中，在就业信息网上发布
招聘信息的用人单位，一般都是不着急的。真正着急的都是直接
一个微信发过来，或者直接发邮箱，希望老师们在学生微信群里
直接转发，这个时候用人单位是不会去登录网站发招聘信息的。
这些急招信息往往更需要我们去抢时间，这就需要精准推荐有快
速通道，可以由老师们定向推送给符合岗位需求的同学们。这个
快速通道可以把所有经过资质审核来的自微信、邮箱等渠道的高
质量招聘信息整合起来，迅速地传递给同学们，让同学们抢占先
机。老师们不要小看这部分资源，这部分资源往往更优质。为什
么？因为一线就业市场老师们更了解一线 HR 们，他们发一条招
聘信息需要注册几十个高校就业信息账户，这么浪费时间的事，
如果一条微信能解决，为什么要自找麻烦呢？特别是实习信息，
业务部门都着急，本来岗位数量也不多，目标高校老师们转发一
下，应聘学生的简历量就差不多了。这部分资源我们一定要抓稳、
握牢，并畅通。

案例：董老师是某高校负责就业市场的老师，一线工作中他发现虽然就业系统里有精准推荐板块，但使用率并不高。用人单位 HR 微信发给他的招聘信息，一开始他会转给用人单位详细的精准推荐模块使用攻略，用人单位 HR 们一般会回复个"好的"或者"收到"，但是当他去查系统的时候，发现用人单位并没有用。他发现这是很大的问题，让就业系统工程师给他开了权限，只要是用人单位 HR 微信转来的招聘信息、实习信息，包括用人单位校招群内核实无误的信息，他都会安排学生助理定向推送给同学们。一年后，他去后台看了一下数据，自己都惊了，推送了2000 余条信息，其间有不少 HR 招到了合适的学生后，还会向他表示感谢。之后，董老师把这种方式的精准推荐和宣讲会、双选会一并作为专项工作推动。

一线就业工作中，精准推荐至关重要，我们不仅需要畅通，还需要快速，精准、快速的精准推荐是智慧就业迭代升级的重要方向。

第 43 条

数据分析可视化＋配置化，幸福感拉满的实用工具

　　数据分析基本上算是高校就业系统标配了，为什么？因为它太重要了！一线就业工作中，我们会有大量的数据任务，上级部门、涉及就业协助配合的学校其他相关部门，八九不离十都要管我们要数据。除了其他部门要数据，我们自己日常工作中也离不开数据。周报、月报等就业率要报数据，走访用人单位也要准备数据，就业质量年报要数据，就业白皮书更要数据。向智慧就业进军，我们标配的数据分析模块也需要同步迭代升级。

　　第一，数据分析可视化，让固有的美起来。我们标配的数据分析模块大部分是不可更改的，比如我们的就业率周报、月报等，固定格式、固定数据，不同时间节点导出相应数据，只是为我们省去了计算的麻烦，要形成可以上交的报告还需要老师们自己再另外加工。当前的新技术完全可以更进一步，帮我们把数据直接制成报告里可用的饼状图、柱状图、折线图、趋势图等，这其实就是数据分析可视化。目前，这个技术已经相对普及，在很多领域都有应用。数据分析可视化可以帮助我们实现两个工作愿景：

一是以往需要我们奋战 1 个月的就业质量年报或者就业白皮书，能够实现一键生成，我们需要做的就是看图说话，改好对应的文字表述；二是学校和各学院可以通过手机实时查看毕业生签约情况，不只是看到就业率，还能看到就业地域、行业与去年同期的对比等。我们就业数据不再是冰冷的数字，在可视化图表的支持下，就业数据可以实现动起来，可以监测实时变化，也可以通过趋势图查看具体走势。

第二，数据分析配置化，让固有的动起来。一线就业工作中有个梗，"最怕空气突然安静，最怕领导推门要数据"。常规工作的数据分析最好应对，都有固定模板，也有系统支持。临时要数据，肯定要推翻了重新来。数据分析可配置化，能够帮我们最大限度地减少临时要数据的工作量。整体来看，就业数据类型不是很复杂，主体就是两类数据，一类是毕业生就业状况数据，另一类是用人单位校招数据。计算模型后台都有，基础数据后台也有，当下的新技术可以实现制作报表的同时不把功能"写死"，可以根据我们的实际需求，随时进行个性化配置。这样我们能解决大部分临时要的数据，剩下非主流无法配置的数据，即使我们自己计算也不难。

案例：李老师是某高校负责就业市场的老师，每次线下双选会李老师都会特意安排 1 名助理团的同学用手机实时查看双选会情况，参加双选会的同学们通过扫码进场、出场，助理团的同学手机端可以实时查看当前双选会情况，一方面可以查看场地内同学们数量，一旦达到场地上限，及时进行限流；另一方面可以实时查看各个学院各个专业分学历层次毕业生的参会情况，哪个学院毕业生人数特别少，李老师会定点联系学院的老师，请学院老师再动员同学们积极参加双选会。会后，可以一键生成双选会参会数据情况表，第一时间通报各个学院，方便学院辅导员老师掌握自己所带学生实际求职情况。

数据分析可视化和配置化的升级迭代，是一线就业工作中使用频率最高的，是当之无愧让老师们幸福感拉满的实用工具。

第 44 条

用人单位和毕业生画像，令人期待的未来之路

"智慧就业"的升级之路一方面是将新技术与业务深度融合，让一线就业工作的老师们从繁重的事务性工作困局中走出来。另一方面，最关键的是要采集和积累更多的数据。我们做数据标准化、可视化、配置化等都是为了让数据流动起来。只有数据动起来，我们才有可能布局未来，实现智慧就业标志性的功能——用人单位和毕业生画像。

为什么说画像是令人期待的未来之路？一是极大地推动就业工作由业务型向研究型转型，我们做研究核心在于数据，很多研究推不动，不是因为老师们不努力，而是我们采集不到准确的数据。画像有了，覆盖毕业生求职全过程的数据就有了，我们可以做的就业研究就像打开了新世界之门。我们可以做求职行为与求职结果的联动分析，看看是不是真的"越努力越幸运"；我们可以做培养端综合素质评价与用人单位校招行为的联动分析，看看我们眼中的"好苗子"是不是真的也是用人单位去争抢的"精英"等，而这些就业研究会极大地推动我们在人才培养和教育教学上

的深化改革。二是能够尽全力缓解供需两端的结构性矛盾，困扰我们最大的问题是毕业生和用人单位期望都高，怎么样让期望适配很关键。有了用人单位画像，同学们知道往年单位都招怎样的毕业生，自己能不能投一目了然。有了毕业生画像，老师们能看到不同层级的同学们都去哪里了，可以引导用人单位找到更适合自己的毕业生。长此以往，供需两端结构性矛盾会趋于缓和。

那为得到用人单位和毕业生画像，我们当前的就业系统要做哪些准备呢？

第一，数据标准化是根基。数据标准化看似简单，做起来其实并不容易。并不是制定了标准，给用户提供了选项就万事大吉了，只要我们的选项里面有"其他"这一项，我们一段时间不做标准化处理，立马就开始乱了。它是一个不起眼的长期任务，但意义重大。精准推送准不准靠它，画像成不成也靠它。

第二，数据采集是难点。画像核心是数据，有数据才有画像。因此，我们需要用人单位和毕业生供需两端足够多的数据。数据积累就像拼乐高，需要我们一块一块地垒。第一步先整合可以整合的数据，毕业生画像不少高校先从简历入手，先将系统内简历制作标准化，也有高校将就业系统与学生综合素质评价数据做对接，简历标准化数据和综合素质评价数据相叠加，画像基本轮廓就有了，只不过目前还是简笔画，不是素描。用人单位画像先以签约数据为基础，再匹配一些网络双选会、视频面试的面试结果。第二步是抓取过程数据，主要是毕业生求职行为数据和用人单位校招行为数据。同学们都投了哪些单位，设置了哪些个性化需求字段；用人单位面试过哪些同学，设置了哪些精准推送的需求字段等。第三步主动采集数据做补充，有些数据抓不到，就主动采。

依托系统内就业调查平台，用调查问卷的形式采集数据。

　　第三，持之以恒是重点。画像建设周期一定不会短，几年积累是必经之路。唯有持之以恒，不断迭代升级，才能最终成功。先从简笔画做起，基本方向和轮廓有了，再去细化、修改，细细勾勒细节，简笔画有了，素描就不会远了。

第 45 条

探索区块链＋就业技术，共享共赢的未来就业市场

优化和调整就业市场结构是就业市场工作高质量发展的重要方向，怎样让学校主渠道的就业市场更加多元、均衡，一直是困扰一线就业市场老师们的大问题。为什么这个问题这么重要？因为就业市场结构是毕业生就业结构的风向标，就业市场多元均衡才有可能实现毕业生就业结构多元均衡。优化和调整就业市场结构是学校整体就业战略调整的排头兵。尽管一线就业市场老师们千方百计"跑市场"拓宽渠道，也只能引来"小股甘泉"，要想引来源头活水，必须开道挖渠，用新技术冲破阻碍资源流动的两个屏障。

第一，打破技术屏障。每个高校的就业信息网都是独立的，用人单位要想发布招聘信息需要注册账号，发一个招聘信息要注册全国几十所高校就业信息网的账号，有可能今年只用一次，明年再用的时候又忘了，只能重置密码或者干脆重新注册。这么麻烦的事一定会倒逼用人单位能少发就少发，目标专业只发学科最强的高校，地域方面只发离我最近的，同学们面试也方便。这就

会导致地处北京的政法类高校，就业信息网上基本都是北京单位和法务类招聘信息，这所高校非法学专业和想去京外就业的同学们找工作就只能去扒其他学校的网站。这个技术屏障打不通，就业市场一定是集中、单一地集中在自己的优势学科，单一在高校所在地。怎么打破它呢？探索用区块链技术去打破它。用人单位在一家高校发布招聘信息，可以同步推送给其他高校，这样招聘信息就真正流动起来了，财经类高校的法学专业毕业生能接收到政法类高校推过来的法务类就业信息，法学类高校的财经专业毕业生能接收到财经类高校推过来的财经类就业信息，北京政法类高校毕业生能接收到京外政法类高校推过来的京外单位就业信息，京外政法类高校毕业生能接收到北京政法类高校推过来的北京单位就业信息。

　　第二，打破资源屏障。技术问题可以用区块链等新技术手段来解决，资源屏障需要各个高校在理念上达成共识，相互补充、相互支持，促进市场化就业岗位资源流动起来，行业间流动起来能够给非优势学科的同学们更多求职机会，地域上流动起来能够给同学们求职更多选择，不停留在信息孤岛上，共享才能共赢。

　　探索区块链＋就业技术，打破限制就业信息流动的两道屏障任重道远。需要一线就业市场老师们用更宽阔的眼光、更大的决心去推动，老师们也一直在尝试用新方法、新思路推动区块链＋就业技术试点运行。他们通过不同优势学科高校间建立就业工作联盟的形式（如政法类、语言类、财经类高校间）打破资源屏障，探索在相同或相近就业平台架构下实现招聘信息共享打破技术屏障。共享共赢是就业市场的未来，需要老师们一起共建。

第 46 条

移动端已成主渠道，功能定位要齐全

　　传统就业信息化平台多以电脑端为主体，组织架构还是业务手续办理的逻辑。不少同学们登录就业信息网只为了办手续，手续办完密码都忘了。就业信息化平台要升级到智慧就业平台，老师们对就业信息网的定位首先要升级，它不再是我们传统认知里的业务网站，而是综合性的服务平台。既然是服务平台，就要以服务客户为逻辑设计流程，手机移动端是同学们使用的主渠道，智慧就业移动端的功能一定要齐全，让同学们真正用起来，我们之前的画像也好，区块链＋就业也好，才能有用武之地。

　　第一，手续业务依旧是移动端的门面。不少老师会觉得同学们不会用手机办手续，实际上同学们会先用手机端尝试一下，实在不好用，同学们才会尝试用电脑端登录。因此，让同学们能够轻松地在手机上办手续，是老师们要攻克的第一关。兼容性、美工设计等交给就业平台研发工程师，老师们需要做的是把手续办理流程尽量简化，尽量让同学们少填字，多点选。流程简单了，手续办理方便了，用户体验感好了，留住用户的第一战就打赢了。

第二，校招业务是留住用户的关键。校招信息和实习信息是就业平台最核心的业务，也是我们留住同学们的关键。移动端展示的核心功能有限，我们需要返璞归真把同学们最需要的功能放在最前面，电脑端的个性化功能可以往后放，等同学们习惯了用我们的网站，自然会去一步步开发隐藏功能。最需要的功能就是看（查）招聘活动、看（搜）招聘信息、收招聘信息。就业活动日历一般都是标配，搜招聘信息需要提供更多的分类字段，只靠行业、地域、单位性质远远不够，可以参考精准推荐的细分类别。收招聘信息很关键，我们的移动端需要和学校微信企业号对接，以学校微信企业号为载体，精准推荐信息的成功率最高。

第三，其他功能配全，静待花开。就业咨询线上预约、就业指导公开课、简历修改等其他功能配齐、配全，同学们需要的时候能够在移动端第一时间拿到，我们的目的就达到了。手续办理和校招信息查看等核心功能同学们使用越多，配套功能的使用率也会相应提高，同学们使用积极性高，我们可获得的数据就会越多，画像功能才有可能慢慢实现。一旦画像功能实现，画像一定会成为点击率最高的功能模块，因为对目标单位信息获取渠道有限一直是同学们求职的最大痛点。

新技术应用一定会带来新变革，一线就业工作老师们需要把新技术和就业业务充分结合，只有新技术不能创造未来，只有懂业务的老师们深度参与，才能真正推动就业信息化平台走向智慧就业，老师们都在不遗余力地为就业信息化平台贡献智慧，智慧就业会离我们越来越近。

第六部分

新方法、新趋势——一花独放不是春，百花齐放春满园

第 47 条

新媒体一直是新力量，抓住风口乘风破浪

就业工作是和朝气蓬勃的同学们打交道，就需要一线就业工作的老师们也要与时俱进，用同学们更容易接受的语言和方式开展就业工作。这些年，新媒体一直是就业工作推陈出新的主力军，从之前风靡一时的微信公众号长图，到现在构建新媒体矩阵和拍短视频；并且，新媒体作为载体工具，兼容性很强，可以和就业管理、市场、管理、研究等就业工作各个岗位业务工作深度融合。在一线就业工作中，老师们可以尝试更好地借助新媒体这个新力量，让就业工作更好地入耳、入脑、入心。

案例：李老师一直负责某高校就业中心微信公众号运营工作，她刚开始接手微信公众号时天天加班，每天都在愁"今天要推什么"。之后，她从就业助理团中单独成立了"新媒体运营部"，吸引了一批热爱公众号运营的同学加入。同学们都很给力，自己学技术、做选题、做原创，从以前的招聘信息大集合，逐步向有原创内容的微信公众号转型，推出了不少新媒体作品。长图比较流

行时，他们和就业手续业务相结合，出品"图说就业"系列，用卡通画把就业政策和就业手续画出来；语音电台比较流行时，他们和就业指导业务相结合，出品"就业微电台"，讲述师兄师姐的求职故事；改编歌曲比较流行时，他们和就业研究相结合，为毕业生就业质量年报"写词配曲"。几年内，把就业微信公众号运营成有10万用户、发表200多篇原创文章的"大V"。

像李老师一样，我们需要学会用好新媒体力量，让它更好地服务同学们和就业日常工作。当然，用好新媒体也有经验和教训。

第一，用好新媒体不能单打独斗。对于高校就业工作而言，新媒体最大的运营基础就是学生团队，我们需要有相对比较专业的学生团队，才能撑起新媒体作品的输出，靠市场化第三方公司支持只能是昙花一现，一段时间打磨一个高质量作品完全没问题，但要做到长时间的作品输出必须有学生团队做支持。这就是为什么不少高校就业中心都建立起自己的新媒体矩阵，但真正活跃的只有微信公众号。在没有运营团队做保障的前提下，建议老师们还是以微信公众号为主渠道，先做好、做强一个号，再逐步铺开。

第二，作品要依托业务根植学生。学生团队懂同学们不懂就业业务，老师们懂业务但不如同学们懂同学们。所以，老师们一定要和团队同学们配合好，老师们讲好业务、守好原则，内容输出靠同学们，给他们更大的空间去创造，才能激发同学们的积极性和创作动力。一些高校的短视频做得特别好，其实就是做到了这两点。比如以"探店"的模式探企业，"探店"模式和内容是同学们喜欢、企业是同学们关注的，根植于同学们愿意看；作品发布时间选在秋招前，这个时候同学们要投简历希望了解企业，企业要校招也愿意和我们合作，如果秋招后再推，同学们签约了，关注度自然也下降了，这是依托就业业务。关注度高，同学们受益多，制作团队幸福感强，良性循环会激发同学们出品更多好作品。

第48条

线上新渠道露锋芒，用好用透降本增效

.

疫情3年，线上渠道已经非常成熟，被全面应用到各类面试和就业指导当中，深深改变了我们的思维方式。一开始我们都是被迫使用，随着技术的成熟和普及，我们也慢慢发现了线上渠道的闪光点。3年飞速发展，线上渠道用"新"来形容略显牵强，但用好线上渠道的闪光点，结合线下渠道的优势，线上线下，强强联合，让它更好地为我们的就业工作服务，对于一线就业工作而言，这是老师们需要关注的新渠道。

线上渠道的优势在于不受时间和空间的限制，随时随地都可以进行。劣势就是没有线下效率高，见不到本人，心里总是不踏实。为了把线上优势发挥到极致，用人单位把线上面试又进行了升级，开启AI面试，这样连线上面试的时间限制也省去了，给同学们几天的时间段，规定时间内面试完上传系统就行，AI面试或者HR老师们找时间加班自己看。初面采用线上模式，业务面试采用线下模式，基本上成为用人单位校招的标配，这样充分结合了线上和线下的优势，这是用人单位线上和线下相结合的新渠道，我们要做哪些应对，针对线上的闪光点我们自己怎样用比较合适呢？

第一，做好校招新方法配套指导与硬件支持。 用人单位校招有新方法，一线就业工作的老师们就需要匹配相应的就业指导，让同学们尽快适应 AI 面试的节奏，掌握 AI 面试的方法。同时，想方设法为同学们 AI 面试提供更好的配套环境。视频面试对环境要求很高，一些单位会要求双机位，学校能满足面试环节的公用场地并不多。老师们要向学校为同学们争取更多的配套支持。不少高校在学校公共区域设置了专用的视频面试间，配套学校办事大厅预约系统预约使用，效果非常好，上线 1 个月，就有 3000 人次毕业生使用。

第二，激发线上指导与咨询的最强效应。 日常上课同学们都希望听线下的，线上讲课的效果并不好。但就业指导活动中的课程不同，它是偏技能指导类的，在毕业季这么忙的状态下，同学们很难拿出整块时间去线下听课，线下课程的上座率会不理想，线上课程同学们很多都是挂着听，效果也不好。对于技能指导类课程，我们定位要准确，只要同学们需要的时候能够随时听到，效果就达到了。同学们线上挂着不好好听，那是因为他们还没走到这一关，等遇到了问题他们一定会仔仔细细都听完。这就是为什么每次线上课程一讲完，就会有同学在微信群里问"老师，有回放吗"。大部分同学不是不想学，只是现阶段不迫切，或者时间不够用，更希望用碎片化的时间去学习技能类的指导。因此，我们要像用人单位一样，充分结合好线上和线下优势，更科学地设置我们的指导活动。

技能类讲解线上资源给到位：网申、简历、笔面试这种偏重技巧类的指导，我们一定要把线上资源给到位，可以把成体系的指导课程放在就业平台上，同学们想看随时都可以看。线上课程都有了，是不是就可以不讲了，也要线上讲，讲的意义不只是单纯教技能，而是暖场子，提醒同学们这个时间点该做什么了，一定跟上节奏，不要错过黄金时间点。

技能类练习线下资源练到位：技能类指导最关键的是练完之后的点评或者讲解，讲1小时简历不如拿着一份同学的简历现场改，讲1小时无领导小组讨论不如现场实战一次然后逐个点评。技能类指导主要靠练，和练后的针对性讲解。因此，线下练习的资源老师们一定给同学们配到位，线下练也会推动同学们找到不足，再去听我们之前的线上课程，线上和线下就充分结合了。

案例：张老师第一年组织公务员笔试辅导班，线下讲了全套课程，活干得很累，但同学们参与度并不高，真正听下来的并不多。第二年她换了思路，全套基础讲解课程放网上，线下只做冲刺班，边练边讲，申论写完现场改，结果场场爆满。线下开班这几天，她特意关注了线上课程的浏览量，结果大幅度提高。不少同学都是线下发现问题又回线上补课。

线上和线下相结合的新渠道，已经深深地改变了当前校园招聘和就业指导的组织模式，老师们需要顺势而为，用好线上和线下相结合的组合拳。

第 49 条

校地合作迎来新契机，优化就业结构新动力

访企拓岗已成为就业常规工作，从上到下都已达成共识，并且会逐步由学校向学院深入，形成学校和学院协同推进的态势。同时，地方人才引进政策也逐步进入关键阶段，学校和地方政府在毕业生就业和人才引进方面交流与互动也越来越频繁。校地合作迎来新契机和新发展阶段，老师们需要抓住未来这几年的关键契机，探索更多的校地和校企合作模式。当前，比较成熟的校企和校地合作模式如下：

第一，共建就业实习实践基地。 以实习促就业是校企和校地合作中最主要的合作模式，特别在校企合作当中，企业日常实习需求旺盛，以就业实习为载体，促进毕业生和用人单位之间相互深入了解，一方面方便毕业生全面了解用人单位，另一方面助力用人单位提前圈定优秀毕业生群体。随着就业实习基地日臻成熟，就业实习模式会逐步稳定下来，一届届毕业生压着实习，成功留任，最终形成稳固校招渠道。

第二，以专项行动促人才引进。 地方人社部门每年寒暑假都会面向高校组织专项交流活动，面对不同群体的交流内容不同。

面向学生群体以顶岗实习＋市情调研为主，时间在 1 个月左右，根据同学们的专业背景，组织同学们赴政府机构和企事业单位实习，其间会组织同学们进行参观走访，了解市容市貌、风土人情和产业结构。面向老师们则以走访调研＋合作座谈为主，时间在 3 天左右，主要是通过走访调研推动校地和校企合作。专项行动一般都是各省区市人才引进工作的"窗口"工作，各省区市组织部门和人社部门都非常重视。老师们需要抓住契机，主动和地方人才引进部门精准对接，推动老师们走出去，最关键是要推动同学们走出去，以专项人才引进活动为突破口，促进校地全面合作。

以上是以毕业生就业和人才引进为发力点，校地和校企合作中比较成熟的运行模式，当然还有"定向选调""专项计划"等其他模式，这些都需要老师们主动走出去，积极争取、精准对接。

就业资源都在往学校优势学科所在行业和高校所在地域集聚，就业市场如此，毕业生就业结构同样如此，相对集中、单一，抗风险性差。我们需要促进毕业生就业结构不断调整优化，优势领域优势突出，其他领域更加多元均衡。优化和调整毕业生就业结构意义重大，但它是一项长期工程，需要 5 年、10 年甚至更长时间慢慢积累和调整，校企和校地合作迎来关键发展期，老师们需要抓住这个契机，与更多领域、更多地域精诚合作，让我们的就业市场更加均衡，"宝藏"机会来了，在我们的积极引导下，自然有同学会抓住机会。点滴积累，久久为功，同学们在更多领域、地域建功立业，会逐步形成规模效应，不断推动毕业生就业结构持续优化。经过老师们多年努力，点滴积累，我们的毕业生就业结构不只在优势领域强，在其他领域也会越来越强，不再过分集中、单一，会更加多元、均衡、健康。

第七部分

案头工具——功崇惟志，业广惟勤

第 50 条

勤学苦练，腹有诗书气自华

一线就业工作中，有很多材料需要我们常备常看，最后将老师们日常工作中需要用到的案头材料、案头书推荐给老师们。

第一部分：案头材料

（一）政策文件
1. 主要就业政策

《普通高等学校毕业生就业工作暂行规定》（教学〔1997〕6 号）

《国务院办公厅关于进一步做好高校毕业生等青年就业创业工作的通知》（国办发〔2022〕13 号）

2. 主要工作文件

教育部《关于做好 2023 届全国普通高校毕业生就业创业工作的通知》（教学〔2022〕5 号）

教育部针对每一届毕业生都会发布做好当届毕业生就业创业

工作的通知，本文以 2023 届为例，请老师们参考当前教育部最新通知。

北京市教育委员会《关于做好 2023 届普通高校毕业生就业创业工作的通知》（京教学〔2022〕21 号）

各地方教育行政部门每年会根据教育部文件发布各地方做好当届毕业生就业创业工作的通知，本文以北京地区为例，请老师们参考当前高校所在地教育行政部门发布的最新通知。

3. 北京市、上海市毕业生政策

北京市：2021 年 7 月，北京市人力资源和社会保障局发布《北京市引进毕业生管理办法》，规定北京市引进非北京生源毕业生工作按照统筹总量、提升质量、保障重点的原则，实行精准引进、分级管理。建立由市人力资源社会保障局、主管单位、用人单位组成的三级管理体系。

《北京市引进毕业生管理办法》（京人社毕发〔2021〕22 号）

除引进毕业生管理办法外，应届毕业生未能落户北京的，北京市有相应的积分落户政策，一线工作中同学们也会来咨询，老师们需要对北京市积分落户政策有所了解。

《北京市积分落户管理办法》（京政办发〔2020〕9 号）

《北京市积分落户操作管理细则》（京人社开发发〔2020〕8 号）

上海市：上海市每年都会发布"非上海生源应届普通高校毕业生进沪就业工作的通知"，通知会规定用人单位的基本条件，高校毕业生的学业要求及所需的申请材料、申请受理期限等。非上海生源应届毕业生可根据通知的相关要求，办理落户、居住证等有关手续。以 2022 年通知为例。

《关于做好 2022 年非上海生源应届普通高校毕业生进沪就业工作的通知》（沪教委学〔2022〕24 号）

4. 其他城市毕业生引进政策

各省区市毕业生引进政策会适时优化和调整，具体政策以当前省区市发布的政策为准，以下引进政策文件供老师们参考。

广州市：

《广州市人民政府办公厅关于印发广州市引进人才入户管理办法的通知》（穗府办规〔2020〕10 号）

深圳市：

《深圳市人力资源和社会保障局关于优化人才引进服务有关事项的通知》（深人社发〔2019〕51 号）

成都市：

《成都市人民政府办公厅关于印发成都市户籍迁入登记管理办法（试行）的通知》（成办发〔2021〕100 号）

《成都市户籍迁入登记管理办法实施细则》（成公通〔2021〕66 号）

杭州市：

《杭州市人才引进落户办理服务指南》（杭州市公安局）

西安市：

《中共西安市委办公厅 西安市人民政府办公厅关于试行促进大学生在西安就业创业的意见》（市办字〔2020〕55 号）

重庆市：

《重庆市户口迁移登记实施办法》（渝府办发〔2020〕35 号）

苏州市：

《苏州市人民政府关于调整人才落户相关政策的通知》（苏府规字〔2020〕4号）

武汉市：

《市招才局 市公安局关于进一步放宽留汉大学毕业生落户试行政策的通知》（武招才办〔2017〕6号）

《关于加强大学毕业生安居保障的实施意见（试行）的通知》（武办发〔2017〕25号）

南京市：

《关于支持促进高校毕业生在宁就业创业的十项措施的通知》（厅字〔2020〕18号）

5. 国家项目就业

"三支一扶"计划：即支教、支农、支医和帮扶乡村振兴计划，是人力资源和社会保障部牵头组织实施的高校毕业生基层服务项目，主要是为基层输送青年人才、为青年提供成长舞台。每年全国招募选拔一定数量高校毕业生到基层服务，服务期一般为2年。工作期满后，自主择业，择业期间享受一定政策优惠。

"特岗教师"计划：2006年，教育部、财政部等部门联合启动实施农村义务教育阶段学校教师特设岗位计划（简称"特岗计划"），公开招聘高校毕业生到"两基"（基本普及九年义务教育和基本扫除青壮年文盲）攻坚县农村义务教育阶段学校任教。

特岗教师聘期3年。重点向"三区三州"、原脱贫攻坚挂牌督战地区、少数民族地区等地区倾斜；重点为乡村学校补充特岗教师，持续优化教师队伍结构，进一步加强思想政治、体音美、外语、信息技术等紧缺薄弱学科教师的补充。

志愿服务西部计划：大学生志愿服务西部计划（简称"西部计划"）是由共青团中央、教育部、财政部、人力资源和社会保障部共同组织实施的一项重大人才工程。

大学生应征入伍：2009 年，国家出台了应届高校毕业生入伍预征政策，大规模征集普通高校应届毕业生入伍。2020 年，国务院、中央军委批准将义务兵征集由一年一次征兵一次退役，调整为一年两次征兵两次退役。

实行一年两次征兵两次退役后，征兵时间分为上半年和下半年 2 次，上半年征兵从 2 月中旬开始，3 月底结束，新兵批准入伍时间为 3 月 1 日；下半年征兵从 8 月中旬开始，9 月底结束，新兵批准入伍时间为 9 月 1 日。按照《中华人民共和国兵役法》规定，义务兵服现役的期限为 2 年，士兵退役时间对应批准现役时间。

征集时间调整改革后，征集新兵总量与往年相比保持稳定，征集的条件、标准、程序和相关政策不变，征集对象仍以大学生为重点。上半年征兵重点征集各级各类院校往届毕业生、高职高专毕业生学生和各类社会技能人才，下半年征兵重点征集各级各类院校应届毕业生、在校生和新生。

（二）工作材料

1.就业手续办理必读概念

主要为就业手续办理中老师们需要详细了解的就业概念，详见附录。

2.就业市场日常工作材料

（1）校招主要机构及网站；

（2）98家央企名单；

（3）民营企业500强名单（前100强）。

3.就业指导工作必备材料

（1）简历模板；

（2）面试问题回答模板。

4.就业研究工作必备材料

（1）宏观形势与调研报告；

（2）就业研究成果。

第二部分：案头书

以下为作者本人在一线就业工作中常用的案头书和参考资料，仅供各位老师参考。

《中国大学生就业》：由教育部主管，教育部学生服务与素质发展中心主办，是全国教育系统唯一公开出版发行的大学生就业创业理论和政策研究的学术期刊，中国知网（CNKI）和万方数据库全文收录。《中国大学生就业》1999年创刊，2022年全面转型为学术期刊，并成为全国普通高校毕业生就业创业指导委员会学术会刊，中国国际"互联网+"大学生创新创业大赛合作期刊。

《北京地区高校毕业生就业实用手册》：匡校震、王效斌主编，书中介绍了最基本最通用最实用的就业政策、就业概念、就业流程、就业知识。

《笙芽》：2019年10月由北森生涯创刊首发。杂志以月刊形式发行，是国内生涯行业内旗舰刊物。

《麦可思研究》：专注于中国高校管理实战，以案例和数据分享国内外办学理念、管理方法和实践。

延伸阅读：

《3 分钟说求职》：作者是邸飞、李健，用最简单朴实的语言，阐述求职过程中的小故事、小案例、小技巧、小策略。

《活得明白》：作者是贾杰，生涯咨询的十八个典型。能够挖掘出心理困惑的根源、让晦涩的方法简单可行化，使糟糕的生活焕发生机，越活越明白。

《生涯咨询 99 个关键点与技巧》：作者是李枢，聚焦生涯咨询实务技能和工具操作，将实操精华凝结成 99 个要点和技巧。

《终极面试问答》：作者是英国人琳恩·威廉斯，吕佳怡译。

《高校毕业生就业问题与对策研究》：作者是闵维方、岳昌君、丁小浩等。

第三部分：其他资料

除以上材料外，与工作相关的微信公众号是我们获取重要资讯、招聘信息及兄弟高校成功做法的重要渠道，也是老师们用碎片化时间日积月累提升自我的最高效渠道。老师们需要关注的微信公众号主要为以下几类：

（1）上级部门公众号：如微言教育、中国大学生就业、国家大学生就业服务平台、成功就业等，能够获得行业内重要资讯。

（2）兄弟高校就业公众号：如北大就业、清华就业、人大就业、中财就业等，建议老师们都要关注与自己所在高校同地域、同学科背景的高校就业公众号，能获取大量招聘信息、成功做法与案例。

（3）第三方机构公众号：第三方机构公众号关注点不同，各有所长。

偏高教研究分析类：麦可思研究、软科等。

偏行业研究与资讯类：新财富、第一财经、创业邦、36氪等。

国聘等招聘信息类的就不多赘述了，以上这些公众号能够帮助老师们看到一些就业研究报告和行业研究报告，对于我们深入认识行业走势、就业走势很有帮助。

附录

就业手续办理必读概念

1.本专科生的生源地

本专科生的生源地是指考生高考时的常住户口所在地，一般在哪个省（区市）参加高考，就是哪个省（区市）的生源。但有一个例外情况：北京地区的体育、艺术类中专学校招收的非北京户籍学生考入大学的，其生源地仍为考入上述中专学校前户籍所在地，而非高考前户籍所在地。

2.研究生的生源地

攻读硕士或博士学位入学前未间断学业，由本科起连续攻读的，其生源地确定按照本专科生源地确定原则而定；攻读硕士或博士学位入学前有过工作经历且已在工作单位所在地落户，其户口未迁入学校的，原则上以工作地为生源地，若读研时户口已经迁入学校集体户，则需要以落户地的政策为准。以北京市为例，如果本科毕业后参加工作且户口落在北京，读研时户口迁入学校集体户，在就业时可按北京生源就业，但未就业的则只能办理回本科生时生源地的手续。

3.推荐表

毕业生推荐表是由毕业生所在省（区市）就业主管部门统一印制。由学校正式向用人单位推荐毕业生的书面材料，具有较高的权威性和可信度。以北京地区为例，《北京地区普通高校毕业生就业推荐表》由北京市教委制定，北京高校大学生就业创业指导中心统一印制，通过北京地区各高校发放。发放对象是具有派遣资格的非定向毕业生以及仅限就业区域但无具体定向单位的定向生，如少数民族骨干计划毕业生。

4.就业协议书

就业协议书是普通高等学校毕业生和用人单位在正式确立劳动人事关系前，经双向选择，在规定期限内就确立就业关系、明确双方权利和义务而达成的书面协议；是用人单位确认毕业生相关信息真实可靠以及接收毕业生的重要凭证；是高校进行毕业生就业管理、编制就业方案以及毕业生办理就业落户手续等有关事项的重要依据。

依据教育部高校学生司有关通知，各省级高校就业工作主管部门牵头负责，可以结合本地情况对就业协议书内容和形式进行修订和完善。

就业协议书最重要的作用是明确毕业生、用人单位、学校三方在毕业生就业工作中的权利和义务，即毕业生按照就业协议书的内容，毕业后在规定的时间内到用人单位报到；用人单位在毕业生毕业后，做好各项接收工作，安排毕业生就业；学校按照就业协议书内容，审核并列入建议就业方案，报国家教育主管部门备案，并根据就业协议书内容，办理就业手续和户口、档案迁移手续。

对于就业协议书的法律性质及责任承担尚无立法上的明确规定，但就业协议书具有法律约束力。根据民法的相关理论，民事法律行为生效的要件是主体合格、意思表示真实、内容合法。就业协议书是高校毕业生在就业阶段通过与用人单位的平等协商自愿签订的确定单位愿意接收、学生愿意去此单位工作、学校经审核同意派遣的协议，就业协议书一经签订，对三方当事人都有法律约束力。因此就业协议书具有民事法律上的合同效力，需要当事人严格遵守。

5. 就业协议书与劳动合同的区别

（1）法律依据不同。

适用的法律依据不同。劳动合同适用劳动法、劳动合同法，而就业协议适用依据为教育部颁发的《普通高等学校毕业生就业工作暂行规定》，二者法律效力区别较大。

（2）主体不同。

就业协议书是三方主体，涉及培养院校、毕业生、用人单位；

劳动合同是双方合同，只涉及毕业生和用人单位。

（3）内容不同。

就业协议书仅仅是在毕业生和用人单位在确立劳动关系之前，在规定期限内就确定就业关系、明确双方权利和义务而达成的书面协议，一般不涉及毕业生到用人单位后的权利义务；劳动合同更进一步确立了双方的权利和义务，其内容涉及劳动报酬、劳动保护、工作内容、具体劳动纪律、服务期限、违约责任等方面，内容更为具体，劳动权利义务更为明确。

（4）有效期不同。

就业协议书自签订日期起至毕业生到单位报到之日，单位正式接收毕业生后自行终止；劳动合同有效期由毕业生和用人单位协商约定。

（5）法律适用不同。

就业协议书属于民事合同，适用民事法律，因此，如果出现违约现象，适用《中华人民共和国民法典》；劳动合同违约处理适用《中华人民共和国劳动合同法》。

参考文献：

1.匡校震、王效斌主编：《北京地区高校毕业生就业实用手册》，2022年版。

就业市场日常工作材料

以下是一线就业市场工作老师们需要了解的提供校园招聘服务的就业服务机构。

国家大学生就业服务平台：www.ncss.cn

国聘：www.iguopin.com

智联招聘网：www.zhaopin.com

猎聘网：www.liepin.com

前程无忧网：www.51job.com

Boss 直聘：www.zhipin.com

中华英才网：www.chinahr.com

北京高校大学生就业创业信息网：www.bjbys.net.cn

在第 17 条中我们知道在"一切可以团结的力量"中有一支力量非常重要，它就是地方人才引进的排头兵——各省区市人力资源和社会保障部门下属的人才中心，它们集聚了所在地最优质的校招资源。它们往往也都有自己的信息化平台，因为数量众多，在此不一一列举。

98 家央企名录

序号	企业（集团）名称	序号	企业（集团）名称
1	中国核工业集团有限公司	50	招商局集团有限公司
2	中国航天科技集团有限公司	51	华润（集团）有限公司
3	中国航天科工集团有限公司	52	中国旅游集团有限公司 [香港中旅（集团）有限公司]
4	中国航空工业集团有限公司	53	中国商用飞机有限责任公司
5	中国船舶集团有限公司	54	中国节能环保集团有限公司
6	中国兵器工业集团有限公司	55	中国国际工程咨询有限公司
7	中国兵器装备集团有限公司	56	中国诚通控股集团有限公司
8	中国电子科技集团有限公司	57	中国中煤能源集团有限公司
9	中国航空发动机集团有限公司	58	中国煤炭科工集团有限公司
10	中国融通资产管理集团有限公司	59	中国机械科学研究总院集团有限公司
11	中国石油天然气集团有限公司	60	中国钢研科技集团有限公司
12	中国石油化工集团有限公司	61	中国化学工程集团有限公司
13	中国海洋石油集团有限公司	62	中国盐业集团有限公司
14	国家石油天然气管网集团有限公司	63	中国建材集团有限公司
15	国家电网有限公司	64	中国有色矿业集团有限公司
16	中国南方电网有限责任公司	65	中国稀土集团有限公司
17	中国华能集团有限公司	66	中国有研科技集团有限公司
18	中国大唐集团有限公司	67	矿冶科技集团有限公司
19	中国华电集团有限公司	68	中国国际技术智力合作集团有限公司
20	国家电力投资集团有限公司	69	中国建筑科学研究院有限公司
21	中国长江三峡集团有限公司	70	中国中车集团有限公司

211

（续表）

序号	企业（集团）名称	序号	企业（集团）名称
22	国家能源投资集团 有限责任公司	71	中国铁路通信信号 集团有限公司
23	中国电信集团有限公司	72	中国铁路工程集团有限公司
24	中国联合网络通信 集团有限公司	73	中国铁道建筑集团有限公司
25	中国移动通信集团有限公司	74	中国交通建设集团有限公司
26	中国卫星网络集团有限公司	75	中国信息通信科技 集团有限公司
27	中国电子信息产业 集团有限公司	76	中国农业发展集团有限公司
28	中国第一汽车集团有限公司	77	中国林业集团有限公司
29	东风汽车集团有限公司	78	中国医药集团有限公司
30	中国一重集团有限公司	79	中国保利集团有限公司
31	中国机械工业集团有限公司	80	中国建设科技有限公司
32	哈尔滨电气集团有限公司	81	中国冶金地质总局
33	中国东方电气集团有限公司	82	中国煤炭地质总局
34	鞍钢集团有限公司	83	新兴际华集团有限公司
35	中国宝武钢铁集团有限公司	84	中国民航信息集团有限公司
36	中国矿产资源集团有限公司	85	中国航空油料集团有限公司
37	中国铝业集团有限公司	86	中国航空器材集团有限公司
38	中国远洋海运集团有限公司	87	中国电力建设集团有限公司
39	中国航空集团有限公司	88	中国能源建设集团有限公司
40	中国东方航空集团有限公司	89	中国安能建设集团有限公司
41	中国南方航空集团有限公司	90	中国黄金集团有限公司
42	中国中化控股有限责任公司	91	中国广核集团有限公司
43	中粮集团有限公司	92	中国华录集团有限公司
44	中国五矿集团有限公司	93	华侨城集团有限公司
45	中国通用技术（集团）控股有 限责任公司	94	南光（集团）有限公司 [中国 南光集团有限公司]

（续表）

序号	企业（集团）名称	序号	企业（集团）名称
46	中国建筑集团有限公司	95	中国电气装备集团有限公司
47	中国储备粮管理集团有限公司	96	中国物流集团有限公司
48	中国南水北调集团有限公司	97	中国国新控股有限责任公司
49	国家开发投资集团有限公司	98	中国检验认证（集团）有限公司

中国民营企业 500 强（前 100 强）名单

排名	企业名称	所在省份	所属行业
1	京东集团	北京市	互联网和相关服务
2	阿里巴巴（中国）有限公司	浙江省	互联网和相关服务
3	恒力集团有限公司	江苏省	石油、煤炭及其他燃料加工业
4	正威国际集团有限公司	广东省	有色金属冶炼和压延加工业
5	华为投资控股有限公司	广东省	计算机、通信和其他电子设备制造业
6	腾讯控股有限公司	广东省	互联网和相关服务
7	碧桂园控股有限公司	广东省	房地产业
8	联想控股股份有限公司	北京市	计算机、通信和其他电子设备制造业
9	万科企业股份有限公司	广东省	房地产业
10	浙江荣盛控股集团有限公司	浙江省	化学原料和化学制品制造业
11	山东魏桥创业集团有限公司	山东省	有色金属冶炼和压延加工业
12	浙江吉利控股集团有限公司	浙江省	汽车制造业
13	青山控股集团有限公司	浙江省	黑色金属冶炼和压延加工业
14	国美控股集团有限公司	北京市	零售业
15	盛虹控股集团有限公司	江苏省	化学原料和化学制品制造业
16	美的集团股份有限公司	广东省	电气机械和器材制造业
17	浙江恒逸集团有限公司	浙江省	化学纤维制造业
18	小米通讯技术有限公司	北京市	计算机、通信和其他电子设备制造业
19	江苏沙钢集团有限公司	江苏省	黑色金属冶炼和压延加工业
20	泰康保险集团股份有限公司	北京市	保险业
21	中南控股集团有限公司	江苏省	房地产业
22	新希望控股集团有限公司	四川省	农业
23	TCL（集团）	广东省	计算机、通信和其他电子设备制造业

排名	企业名称	所在省份	所属行业
24	北京建龙重工集团有限公司	北京市	黑色金属冶炼和压延加工业
25	龙湖集团控股有限公司	重庆市	房地产业
26	比亚迪股份有限公司	广东省	汽车制造业
27	顺丰控股股份有限公司	广东省	邮政业
28	多弗国际控股集团有限公司	浙江省	综合
29	新疆广汇实业投资（集团）有限责任公司	新疆维吾尔自治区	零售业
30	海亮集团有限公司	浙江省	有色金属冶炼和压延加工业
31	德龙钢铁有限公司	河北省	黑色金属冶炼和压延加工业
32	河北新华联合冶金控股集团有限公司	河北省	黑色金属冶炼和压延加工业
33	中天钢铁集团有限公司	江苏省	黑色金属冶炼和压延加工业
34	珠海格力电器股份有限公司	广东省	电气机械和器材制造业
35	蚂蚁科技集团股份有限公司	浙江省	互联网和相关服务
36	南京钢铁集团有限公司	江苏省	黑色金属冶炼和压延加工业
37	河北津西钢铁集团股份有限公司	河北省	黑色金属冶炼和压延加工业
38	重庆市金科投资控股（集团）有限责任公司	重庆市	房地产业
39	东方希望集团有限公司	上海市	有色金属冶炼和压延加工业
40	天能控股集团有限公司	浙江省	电气机械和器材制造业
41	北京三快在线科技有限公司（美团）	北京市	互联网和相关服务
42	洛阳栾川钼业集团股份有限公司	河南省	有色金属矿采选业
43	新城控股集团股份有限公司	上海市	房地产业
44	上海找钢网信息科技股份有限公司	上海市	互联网和相关服务
45	万向集团公司	浙江省	汽车制造业
46	复星国际有限公司	上海市	综合
47	新奥集团股份有限公司	河北省	燃气生产和供应业

（续表）

排名	企业名称	所在省份	所属行业
48	西安迈科金属国际集团有限公司	陕西省	批发业
49	三一集团有限公司	湖南省	专用设备制造业
50	立讯精密工业股份有限公司	广东省	计算机、通信和其他电子设备制造业
51	传化集团有限公司	浙江省	其他服务业
52	雅戈尔集团股份有限公司	浙江省	纺织服装、服饰业
53	苏宁易购集团股份有限公司	江苏省	零售业
54	上海均和集团有限公司	上海市	综合
55	长城汽车股份有限公司	河北省	汽车制造业
56	江苏德龙镍业有限公司	江苏省	黑色金属冶炼和压延加工业
57	辽宁方大集团实业有限公司	辽宁省	黑色金属冶炼和压延加工业
58	东岭集团股份有限公司	陕西省	批发业
59	中天控股集团有限公司	浙江省	房屋建筑业
60	亨通集团有限公司	江苏省	计算机、通信和其他电子设备制造业
61	宁德时代新能源科技股份有限公司	福建省	电气机械和器材制造业
62	协鑫集团有限公司	江苏省	电气机械和器材制造业
63	超威集团	浙江省	电气机械和器材制造业
64	山东东明石化集团有限公司	山东省	石油、煤炭及其他燃料加工业
65	卓尔控股有限公司	湖北省	综合
66	百度公司	北京市	互联网和相关服务
67	宁波金田投资控股有限公司	浙江省	有色金属冶炼和压延加工业
68	九州通医药集团股份有限公司	湖北省	批发业
69	神州数码集团股份有限公司	广东省	批发业
70	江苏永钢集团有限公司	江苏省	黑色金属冶炼和压延加工业
71	阳光保险集团股份有限公司	广东省	保险业
72	唯品会（中国）有限公司	广东省	零售业
73	海澜集团有限公司	江苏省	纺织服装、服饰业

排名	企业名称	所在省份	所属行业
74	南山集团有限公司	山东省	有色金属冶炼和压延加工业
75	桐昆控股集团有限公司	浙江省	综合
76	内蒙古伊利实业集团股份有限公司	内蒙古自治区	食品制造业
77	中基宁波集团股份有限公司	浙江省	批发业
78	蓝思科技集团	湖南省	计算机、通信和其他电子设备制造业
79	通威集团有限公司	四川省	综合
80	利华益集团股份有限公司	山东省	石油、煤炭及其他燃料加工业
81	江苏新长江实业集团有限公司	江苏省	黑色金属冶炼和压延加工业
82	正泰集团股份有限公司	浙江省	电气机械和器材制造业
83	万达控股集团有限公司	山东省	石油、煤炭及其他燃料加工业
84	东方集团有限公司	黑龙江省	综合
85	广东鼎龙实业集团有限公司	广东省	商务服务业
86	福建大东海实业集团有限公司	福建省	黑色金属冶炼和压延加工业
87	河北普阳钢铁有限公司	河北省	黑色金属冶炼和压延加工业
88	旭辉集团股份有限公司	上海市	房地产业
89	振烨国际产业控股集团（深圳）有限公司	广东省	综合
90	深圳市爱施德股份有限公司	广东省	批发业
91	天津荣程祥泰投资控股集团有限公司	天津市	黑色金属冶炼和压延加工业
92	永辉超市股份有限公司	福建省	零售业
93	弘阳集团有限公司	江苏省	综合
94	网易（杭州）网络有限公司	浙江省	互联网和相关服务
95	玖龙纸业（控股）有限公司	广东省	造纸和纸制品业
96	山西鹏飞集团有限公司	山西省	石油、煤炭及其他燃料加工业

（续表）

排名	企业名称	所在省份	所属行业
97	双胞胎（集团）股份有限公司	江西省	农副食品加工业
98	广东海大集团股份有限公司	广东省	农副食品加工业
99	永锋集团有限公司	山东省	黑色金属冶炼和压延加工业
100	华勤技术股份有限公司	上海市	计算机、通信和其他电子设备制造业

参考文献：

1. 国务院国有资产监督管理委员会:《央企名录》2022 年 12 月 31 日。

2. 全国工商联:《2022 中国民营企业 500 强调研分析报告》,2022 年 9 月。

就业指导工作材料

（一）面试问题回答

一线就业指导工作中，同学们会经常问起有没有"面经"，能够把所有可能问到的问题和答案一一列举出来。这个时候建议老师们告诉同学们，不要去背题，而是通过掌握公式去解题。虽然面试官提出来的面试问题针对不同岗位各有侧重，但整体来看，还是有公式可以套用：

问题回答 = 个人特质 + 专业能力 + 讲故事

怎么来用呢？其实就是两个层次 + 一个方法。简单地说，我们的回答要围绕个人特质和专业能力两个层次展开，告诉面试官我们的个人特质以及专业能力和目标岗位是高度匹配的，用什么方法呢？尽可能地去讲故事或者讲案例。

为什么要这样回答？还是基于面试官的考察点，同学们会被问到的大部分问题，其实主要还是要挖掘同学们和岗位之间匹配度和胜任力，能胜任并且很匹配，又和团队氛围很契合，那么一定会特别稳定。所以，要考察性格、特质上是不是适合，专业能力是不是胜任。把这几方面说清楚了，基本内容和框架就有了，再用故事或案例来串联这些内容，会更有说服力，也更容易和面试官产生共情，同学们胜出的概率就会更大。

问题一：你觉得自己是一个可以信任的人吗？

面试官这么问，肯定要回答我们值得信任，关键是要怎么证明我们值得信任，虽然每个人对值得信任的定义不同。但围绕工作岗位来看，做事靠谱，专业能力过硬，在生活中值得信赖，工作中值得托付，这样的回答基本可以过关了。我们一起来"套公式"。

答：我认为我是一个可以值得信任的人，主要体现在以下两个方面。

（1）生活中，我是靠谱的朋友。我做事认真、负责，交给我的职责或者我承诺朋友们做的事情，我都会负责到底（点出自己的个人特质，做事认真靠谱，值得朋友们信赖）。读研期间，我一直担任班级学习委员，从第一门开课到最后一门结课，我一直坚持分享课件和学习笔记给大家，虽然不是什么大事，但这是我作为学委的职责，我发现坚持做下去，我们班同学的成绩要普遍好于其他班级（从日常小事入手，用故事来说明自己忠于职责，值得信赖的个人特质）。

（2）工作中，我是可以"背靠背"的战友。我专业基础扎实，本硕均就读于 ×× 专业，在头部券商也有丰富的实习经验（说明自己的专业能力，能胜任岗位，值得信赖）。并且我对自己要求严格，做事都会竭尽全力，我特别喜欢一句话"文经我手无差错，事交我办请放心"（专业不拖后腿，再次说明自己态度积极，做事努力，值得信任）。实习期间，我们团队经常连夜赶报告，有一次我不仅要负责起草文稿，还要负责核对关键数据，留给我们的时间非常短，能按时交报告已经很难了，但我还是坚持，一定要反复核对每一个细节、每一个数据，第二天我们不仅完成了上会材料，而且无一差错高质量通过（用具体案例，说明自己专业过关，态度积极，值得托付）。

当然，这个公式也不是万能的，有些问题就比较难"套公式"。这个时候，我们就要把公式里的内容拆开、揉碎了使用，讲案例和讲故事的时候穿插自己的个人特质和专业能力。比如问题二这类问题。

问题二：什么时候自己作决定比较好？什么时候听从上级安排比较好？

面试官问这个问题是希望同学们不仅能够听从指挥，同时还能有自己的想法，需要找到这两个问题之间的平衡点，既要敢于承担责任，又不草率行事。回答的时候就很难套公式，需要我们把要展示的点糅入其中。

答：我认为在规则和任务面前要听从安排，在有突发状况又无法对接上级的情况下要勇于担责、敢于决断（先集中回答问题，抛出整体答案，再有逻辑地分层次解答）。

我所应聘的岗位，合规性很强，大部分时间要严格遵循规则、指示、流程开展工作。我在岗位实习过程中，也深有体会。我需要每天按要求整理数据，形成"日报"，第一时间报送相关业务部门，半年实习期间天天如此（讲自己在岗位实习期间的案例和故事，既能说明自己善于听从指挥、遵守规则，又说明自己专业能力可以驾驭工作）。大家都觉得这项工作比较枯燥，而我感觉挺好的，可能因为我本身就是比较偏稳的性格，原则性也比较强，更比较关注细节（适当引出自己的个人特质，来说明契合岗位）。

常规工作需要踏实做好每个细节，但在特殊突发情况面前，就要懂得在合规的前提下灵活变通，这样才能高效推进工作。同样在实习期间，会碰到有业务部门临时要数据，马上就要报送的情况。因为我们平时的工作很忙，为了不耽误部门本职工作，遇到临时要数据的情况必须报主管同意才能干活。有一次主管在飞机上，无法取得联系，事出紧急，我马上开始做数据、写报告，等联系到主管，报告已经基本完成。灵活地争取了时间，第一时间高效率地完成了工作，没有被流程卡死（同样是用故事和案例来说明问题，自己在突发问题面前，既坚持原则，又能灵活变通，敢于担责）。

虽然有公式可以套，但"套公式"仅仅是最基础的回答，只能避免同学们在面试的过程中不出大错，要想获得高分，需要鼓励同学们边总结边思考。不同类别岗位面试的侧重点其实都不同。

实践类岗位的面试，主要是在项目上，核心的问题其实就是问："你靠谱吗？能把项目执行到位吗？"行政类工作岗位的面试，核心问题其实是："你效率高吗？能在头绪众多的事务工作中独当一面吗？"所以，比起"面经"，最重要的是同学们在面试后的思考和总结。需要我们鼓励同学们通过积累和实战，找到自己回答问题的逻辑框架和解题思路，慢慢形成自己的解题风格，到那个时候就可以忘掉公式，成为名副其实的"面霸"。

（二）个人简历模板

以下是个人求职简历模板，供老师们在指导同学们的时候参考。

姓名

关键句：有 2 年学 ××× 经验的 20×× 届硕士毕业生

电话：× × × × × × × × × ×　　**邮箱**：× × × ×@sina.com　**政治面貌**：

教育背景

2017.09 至今 × × × × 大学 × × × × 学院 × × × × 专业 硕士 成绩 10%

研究方向：科技金融、风险投资，重点研究投资网络、投资策略以及绩效

2011.10–2015.07 × × × × 大学 × × × × × 学院 × × × × 专业 × × × ×
学士（推免研究生）

实习经历

2018.07– 至今　× × × × × × × × × × × × × × × × ×　产品创新部、运行
部实习生

项目管理：协助处理信用卡业务项目需求的提交、变更、立项申请，负责安排项目经理与相关部门对接

拒付业务：学习信用卡拒付业务规则，熟悉拒付系统，与世界 6 大卡组织对接，处理拒付业务

主持实习生团队撰写《× × × × × 生态圈要素分析》课题并进行汇报展示，受到一致好评

2017.07–2017.08　× × × × × × × × × × × × × ×　托管部实习生

合同管理：对 1500 余份合同进行数据采集及合同内容校对修订工作，协助合规部进行合同规范制定处理

2015.01– 2015.02　× ×　项
目助理（实习）

研究报告：撰写 3 万字项目可行性研究报告，负责销售及投资现金流分析，利用水晶球进行风险模拟，制作并完成汇报演讲；参与三亚海棠湾项目定位研究，主要负责市场分析及预测、客户定位分析

服务定价：向相关服务提供商询价，估算项目建成后年均运营成本，为项目物业服务定价提供基准值

2014.01—2014.02 ×××××××××××××××× 寒假实习生 实习期满获单位留用机会

项目年审：参与大型上市房地产企业年审，与百余家银行完成百份询证函、盘点百套空置房、资产等

底稿制作：制作 30 余家分公司现金流底稿，和各分公司财务负责人对接数据

学术科研经历

市级项目（已结项）:《××××××××××××》××× 本科生科研创新项目

××××——××××××××× 横向课题：核心成员，完成 ××××× 人才胜任力模型构建、实地调研

学生工作

2017.07 至今 ×××× 大学 ×××××× 学院 ×××××× 会副主席 负责并主笔撰写近 3 年学院研究生就业质量报告，对百名研究生就业去向、就业质量及培养进行联动分析。

2013.03—2014.06 ×××× 大学 ×××××× 学院 学生会主席

品牌打造：着力策划并开展宣传学生会品牌、树立学院形象的"时代论坛"，组织参与人数超 500 人讲座 4 次，百人讲座数次，连续 3 年举办管工新年晚会。

组织管理：建立并完善学生会各项规章制度，制定部长、主席团换届选举制度、部长例会制度，确定会标

所获荣誉

德育类：优秀毕业生（省级）、三好学生（校级）、优秀团员（校级）、优秀

学生干部（校级）

实践类：社会实践优秀成果奖（省级）、社会实践三等奖（校级）、社会实践优秀个人（校级）、多次大型活动志愿者

奖学金类：全面发展一等奖学金（校级2次）、社会实践优秀奖学金、美誉素养奖学金、组织管理能力优秀奖学金

个人技能

专业技能：通过证券从业资格考试、计算机二级、教师资格证，熟练掌握 visio、project、spss、CAD 等软件

外语技能：英语考试通过 TOEFL、CET-6，CET-4：643分，具备良好的英语听说读写能力

兴趣特长：主持（校级十佳）、朗诵（北京市大学生艺术节二等奖、广播台主播）、舞蹈

就业研究工作必备材料

（一）宏观形势及调研报告

（1）世界经济论坛：https：//www.weforum.org/.

The Future of Jobs Report 2020Jobs of Tomorrow ： *The Triple Returns of Social Jobs in the Economic Recovery*

（2）泰晤士世界大学毕业生就业能力排行榜。

（3）各高校毕业生就业质量报告：国家大学生就业服务平台 – 质量报告 https：//www.ncss.cn/.

（4）中国人民大学中国就业研究所：

中国人民大学中国就业研究所联合智联招聘定期发布《高校毕业生就业市场景气报告》，http：//www.cier.org.cn/inde×.asp

（5）智联招聘：每年发布《大学生就业力调查报告》。

（6）智联招聘：最受大学生欢迎雇主。

（7）中博教育：应届毕业生去向调研报告。

（8）岳昌君等:《全国高校毕业生就业调查报告》（2019、2021）。

（9）英荣主编:《中国就业发展报告》（2019、2020、2021）。

（10）麦可思公司:《中国大学生就业报告》（就业蓝皮书）。

（二）就业研究成果

1. 就业趋势与状况

岳昌君，周丽萍:《中国高校毕业生就业趋势分析:2003—2017年》，北京大学教育评论，2017（4）：87-106。

李涛，孙媛，邬志辉，单娜:《新冠疫情冲击下我国高校应届毕业生就业现状实证研究》，《华东师范大学学报（教育科学版）》，2020，38（10）：110-126。

陈建伟，赖德胜:《疫情冲击下大学生就业形势变化与对策》，《中国大学生就业》，2020（11）。

孙妍:《青年就业特征及变动趋势研究》，《中国青年研究》，2022（01）：5-10。

2. 就业质量与满意度

柯羽:《高校毕业生就业质量评价指标体系的构建》，《中国高教研究》，2007（07）：82-84+93。

岳昌君:《中国高校毕业生就业满意度的影响因素分析》，《北京大学教育评论》，2013（2）。

赖德胜:《高质量就业的逻辑》，《劳动经济研究》，2017（6）。

冯沁雪，曹宇莲，岳昌君:《专业兴趣会影响就业质量吗?——基于2009-2019年高校毕业生就业调查的实证研究》，《教育与经济》，2021，37（04）：56-64。

赵文学：《高校毕业生就业质量影响因素与提升策略》，《黑龙江高教研究》，2022，40（02）：133-138。

3. 就业观念与压力

马力，邓阳：《高校毕业生"慢就业"探析及其对策》，《中国青年社会科学》，2019，38（05）：93-99。

刘能：《中国社会的急剧转型与青年就业的观念演变》，《人民论坛》，2018（35）：118-120。

孟媛媛，刘瑶，李雪梅：《新冠肺炎疫情常态化防控背景下大学生就业压力影响因素研究》，《就业与保障》，2022（10）：21-23。

周蓉：《大学生就业心态：社会生态视域下的新常态及其应对》，《当代青年研究》，2022（02）：94-101。

4. 基层就业

王友航，文东茅：《高校毕业生基层就业的特征与影响因素》，《教育发展研究》，2012（21）：37-44。

蒋承，张思思：《大学生基层就业的趋势分析：2003—2017》，《华东师范大学学报（教育科学版）》，2018，36（05）：60-70+167。